日蓮宗の戒壇、その現代的意義

齊藤日軌

国書刊行会

仏の功徳はあまねく世の中を照らす
法華経の宇宙観を顕す絵曼荼羅

融合する銀河。宇宙に存在するすべてのものは久遠本仏のみ心のなかにある

目次

あとがき……………………………………………………………………………253

序　現代科学の思想から見た四十五字段

現代物理学の世界観と大乗仏教の思想が似ていることは、東西の識者によって指摘されてきました。この『観心本尊抄』の「今本時の娑婆世界は三災を離れ四劫を出でたる常住の浄土なり。仏既に過去にも滅せず未来にも生せず、所化以て同体なり。此れ即ち己心の三千具足の三種の世間なり」（観心本尊抄　定遺七一二頁）という四十五字段の指し示す大いなる宇宙の生命観は、現代科学が提示する世界観と似ていることに驚きます。

アメリカの物理学者ガモフによって提唱され、最近ではケンブリッジ大学のホーキング博士が主唱する宇宙生成論（ビッグバン理論）によりますと、私たちの宇宙は約一五〇億年前、高密度の状態から爆発的に膨張して今に至っています。宇宙は空間も時間も物質もすべて体積のない一点の状態（特異点）から始まりました。それが分裂して、今、宇宙は拡大・膨張していますが、やがては収縮して一点になっていく（ビッグクランチ）といわれています。そこには意識も入っていてすべてが一点に集約していきます。また、映画『エクソシスト』のモデルとなったフランスの哲学者・古生物学者のテイヤール・ド・シャルダンは『現象としての人間』のなかで、さまざまな人類の意識はやがて共有部分が多くなり、宇宙の終わりには一体となると述べています。このように、彼ら科学者は、さまざまな様相を見せる宇宙の本質はひとつであると語っているようです。

彼らの理論を参考にすると、日蓮聖人が法華経如来寿量品に示される久遠本仏の教化のありさまを明かされた四十五字段を次のように表現できると思います。

宇宙唯一の久遠本仏からビッグバンのように生まれ出たアメーバから人類に至るまでの無数の生命は、大いなる成仏を目指して互いに補い合い助け合って向上して現在に至っています。ご本仏の目から見ると、私たちにとっての災いである三災や四劫という生成と破壊は生命が発展していく過程であり、仏の永遠の生命を顕わすための新陳代謝のようなものです。この意味では、私たちの住む戦乱や苦しみに満ちた娑婆世界（忍土）という現実の世界は、その本質においては仏と衆生が一つになって住む永遠の楽土であり、私たちの喜びも悲しみも、すべてが成仏のためにあると考えることができます。この一瞬に永遠があるとは、私たちにとってなんという大きな慰めであり励ましでしょうか。

いわば私たちは、久遠本仏の大いなる心の中に存在しているのです。私たちは久遠本仏の一部分、目であり、手足であり、口であるといえましょう。大宇宙の銀河の星々からアメーバまでのすべての存在とその経験や進化は、大いなる唯一の久遠本仏の心から生まれ、またその心の中に帰っていきます。宇宙の終わり、すなわちビッグクランチにあっては、すべての生命は一体となります。人類の意識も進化して成仏することを顕し、人類全体が成仏していくというような概念といえます。法華経では五百塵点劫という無限に近い有限な数量で無始という時間を説きますが、このビッグバンというのもそれに相応するような数量で永遠を考えさせてくれるのではないでしょうか。

今、すべての生きとし生けるものがこの真実に目覚め、心を一つにしてお題目を唱えるとき、日蓮聖人が『立正安国論』で「汝早く信仰の寸心を改めて、速かに実乗の一善に帰せよ。しかれば則ち三界は皆仏国なり」と示し、そして四十五字段に明かされたように、この世界は調和と安らぎに満ちた本来の姿を顕し、この世界は浄土となるのです。

このように、科学が明らかにする宇宙の真相と宗教が明らかにした真実は、きわめて近い関係にあるのです。

出典
『観心本尊抄』に聞く―日蓮聖人御遺文習学シリーズ特別編―より

一　日蓮大聖人の生命観（生死観）

かつて日本の仏教は日本人の精神を導いてきたが、現代の既成仏教は葬儀等のバラモン的儀式のみに埋没することが多くなり、社会に対する指導力を急速に失いつつある。しかも、その儀式を執行する僧侶のなかにも霊魂や輪廻転生を疑い、釈尊を単に唯物論者のごとく述べる人も多い。その結果、唯物思想が社会に蔓延し、不調和な社会現象は目を覆うばかりである。

これらの社会問題の有効な解決策はいまだ見あたらない。抜本的な解決策があるとすれば、それは仏陀そして日蓮大聖人の御指南のごとき霊的思想を復興させることであろう。そのためには、現代の仏教そのものが霊的覚醒をとげる必要がある。

生死、即ち人間はどこから、何のために生まれてきて、何をなし、どこへ帰るのか。つまり人間とは何か、宇宙とはどのような構造なのか？　それらの根元的テーマに答えるのが宗教であり、宗教のなかでも仏教が最もそれらによく答えている。なかでも日蓮大聖人の仏教は、よくすべての人類の根元的な問いに答えて、実践的に我々人類を最終的な境地まで導いてくださるのである。

日蓮仏教は、三国四師と称し、インド・中国・日本の三国において、釈尊・天台・伝教・日蓮聖人と伝えられた釈迦仏教の正当なる継承者を自認されている。

「伝教大師云く『浅きは易く、深きは難しとは釈迦の所判なり。浅きを去て深きに就くは丈夫の心なり。天台大師は釈迦に信順し法華宗を助けて震旦に敷揚し、叡山の一家は天台に相承し、法華宗を助けて日本に弘通す』等云々。安州の日蓮は恐らくは三師に相承し、法華宗を助けて末法に流通す。三に一を加へて三国四師と号す。」

（顕仏未来記　定遺七四二頁）

しかも、その内証信心においては、霊山虚空会において直接釈尊の仏法の奥義、悟りを相承されている。

「此の三大秘法は二千余年の当初地涌千界の上首として、日蓮慥に教主大覚世尊より口決せし相承なり。今日蓮が所行は霊山の稟承に芥爾計りの相違なき、色も替はらぬ寿量品の事の三大事なり。」

（三大秘法禀承事　定遺一八六五頁）

「戒定慧の三学は、寿量品の事の三大秘法是なり。日蓮慥に霊山に於て面授口決するなり」

（御義口伝　定遺二六七一頁）

ゆえに、日蓮大聖人の生死観・生命観は、根本仏教の釈尊の教説、その正当な発展の最高段階にある法華経の生命観・生死観を正しく継承し、その深い意義を捉えられ大衆救済のために一大秘法、三大秘法としてまとめ上げられ、末法救済の故に大衆にお授けになっておられる。釈迦仏教、法華経の実践仏教化されたものが日蓮仏教である。

バラモン教とヴェーダ聖典

釈尊の生死観について述べるには、まず仏教の先行思想、その母体となったバラモン教の思想について触れねばならない。

紀元前一二〇〇年ごろ、北インドに進入したアーリヤ人によって『リグ・ヴェーダ』が編纂され、その後、紀元前五〇〇年ごろまでに『サーマ・ヴェーダ』『ヤジュル・ヴェーダ』『アタルヴァ・ヴェーダ』が成立していった。『リグ・ヴェーダ』の宗教は主として自然現象を神格化した多神の崇拝とその祭祀である。また、世界創造の原因を考察し歌う哲学的賛歌もそのなかに含まれている。この四つのヴェーダ聖典の主要部分はサンヒター（本集）であるが、そのおのおのに、ブラーフマナ（祭儀書）、アーラニヤカ（森林書）、ウパニシャッド（奥義書）が付加され、聖典解釈とともに世界の最高原理の追求が進展した。

ウパニシャッドは「近くに座る」から転じて、師から弟子に口伝される「秘密の教え」を意味し、その秘教を集成した聖典の名称となった。この文献は広義のヴェーダ聖典の終わりに位置するところからヴェーダーンタとも名づけられる。初期散文ウパニシャッドの精華である『ブリハッド・アーラニヤカ・ウパニシャッド』には、宇宙の最高原理であるブラフマン（梵）と個我の本質であるアートマン（我）の一致、いわゆる「梵我一如」に関して述べられている。

アートマンを絶対不可捉の認識主体と捉える哲学者ヤージュニャヴァルキヤは、ここで生死観において重要な輪廻思想を展開している。彼によれば、人間の死とともに不死のアートマンは肉体をはなれ、青虫が次の葉に移るように別の肉体へ移動するが、どこへ移動するかはそれぞれの業によってきまる。一方、輪廻の原因である欲望を放棄し、万物の本質たるアートマンだけを希求する者は、解脱の境地、ブラフマンそのものに達するという。

「彼の心を拠りどころとするすべての欲望が放棄されるとき、死すべきものは不死となり、この世でブラフマンに到達する」

（服部正明訳『世界の名著』１　中央公論社）

ウパニシャッドの思想において、大宇宙の生命原理ブラフマン（梵）と人間の生命の本質であるアートマン（我）の一致、つまり生命の一体を前提として、アートマン（我）を主体とする輪廻転生が説かれている。

仏教、釈尊の生命観・生死観

釈尊の悟り

釈尊の出家の動機は、先行思想である輪廻からの真に永遠なる幸福を求めての解脱、即ち生死輪廻を超えた幸福の獲得にある。輪廻からの解脱は輪廻転生という生死のシステムの解明を要請した。それは人類普遍の問いである自分はどこから来たのか？　自分とは何か？　何をなすべきか？　への答えを手にすることでもあり、それが悟りでもある。即ち、釈尊の悟りは、当時のインドの宇宙観・生命観を前提とした真の解脱、幸福の獲得を目的としていたのである。

すべての仏教は釈尊に始まり釈尊に帰る。日蓮大聖人の仏法にも釈尊の悟りのエッセンスと衆生済度の情熱が脈々と息づいている。私たちは今一度、釈尊のご生涯とそのお悟りに触れなければならない。

◎成仏という名の幸福を求めて

四門出遊

釈尊は、父と母の愛に包まれ、カピラ城では四季折々の宮殿に暮らし、物質的にも豊かで、聡明でたくましく、優しい青年に成長した。あるときカピラ城の四つの門から遊びに出られた釈尊は、そこで老人・病人・死人・出家者に出会い、この世の喜びは、永遠のものではないという無常を感じ、本当の幸せ、人生の真実を求め、人々を生きることの苦しみから救い出そうと出家された。物質的豊かさは一時的なものであり、真の幸福ではない。死後も幸福であることによって、真の幸福が達成される。

出家

釈尊は、二十九歳のとき城を出て、愛馬パンタカに乗り従者チャンナをしたがえ、夜の闇を暁に向かって駆け抜けた。無明という闇に覆われた人生の地平線の向こうに、悟りの日の出の光明を求めて。輪廻を超えて輝く神仏の光を求め。

苦行

出家して六年間も断食を中心とした苦行を続けた。苦行、わずかな豆粒、米粒、胡麻粒の食事。一日一粒、一週間に一粒、絶食、しかし、悟りは得られなかった。気がつくと頰はこけ落ち、あばら骨は血管とともに薄い皮膚の下から浮き上がっている。意識は、肉体の衰えとともに薄らいでゆく。このような朦朧とした意識では悟りえない。むしろ明確な意志と、清澄な意識のもと、はじめて次元を超えたすべてを明らかにする智慧を手にして、悟りは得られる。

成道

このままでは、悟りえずして死んでしまう。村娘スジャーター（善生）の捧げるミルク粥の供養を受け、衰弱した体を回復し癒された。おもえばあの城の快楽に満ちた生活と、今の苦行の両極端な生き方のなかには悟りはない。むしろ、中道という健康な生き方のなかに悟りの道があるのではないかと釈尊は気づかれる。そこで、「私は、悟らずして決してこの場を立つことはない」不退の決意でブッダガヤーの菩提樹の下で、瞑想に入られた。

このとき、地獄の魔王（マーラ）の城は地震に大きく揺れた。釈尊が悟り道が説かれたなら、魔界の者の住処である煩悩に満ちた人の心がなくなってしまう。急いで、魔王は三人娘のタンハー（渇愛）、ラーガ（快楽）、アラティ（嫌悪）を釈尊の悟りの妨害に派遣する。三人の美女は腰をくねらせ妖艶な目つきで釈尊を誘惑する。「お前たちは醜い魔王の三人娘だな」釈尊はその正体を喝破する。三人は醜い老婆の姿に変わった。（中村元訳『ブッダのことば―スッタニパータ』第四　八つの詩句の章九、マーガンディヤ　岩波文庫参照）

釈尊は、瞑想のなかで魔王と対決する。自慢の娘たちが撃退され、恐ろしい形相で襲いかかってくる魔王とその軍勢。しかし、その本質は、自らの心の煩悩にあると喝破し、釈尊は、魔の軍団を悉《ことごと》く撃ち破られた。即ち一切の欲望に勝利し、執着を離れた境地に達したのである。

「お前の第一の軍隊は欲望だ。第二は嫌悪。第三は飢渇、第四は妄執、第五は怠惰と睡魔、第六は恐怖、第七は疑惑、第八は虚勢と強情、第九は利欲と名誉欲と驕慢だ。私はこれらと戦おう。敗れて生きるよりも、戦って死んだ方がよい。さあ、かかってくるがいい」

（『ブッダのことば―スッタニパータ』第三　大いなる章、二、つとめはげむこと　岩波文庫参照）

日が落ち、瞑想はさらに一層深まった。心が調和され清浄で完全なる不動の境地にいたった。

悟りの内容

前世の生涯を、思い出した

釈尊が何を悟ったか、古来さまざまに伝えられている。曰く「縁起の法則」「空」、しかし釈尊の悟りは、単なるそれらの法則や真理ではなく、それらの法則を示す自らと宇宙のダイナミックに躍動する生命の実体そのものについてである。釈尊の覚醒の過程は瞑想の深まりにともなう三段階にわたり説明される。

第一、自らの幾千の生涯、幾多の宇宙の成立期、破壊期、破壊成立期を残らず想起。
第二、天眼を開き人々が無限の生死循環を繰り返すさまを見通す。
第三、「一切は苦」という認識を得、縁起の法を悟って覚醒。

（マッジマ・ニカーヤ MN. I 参照）

「あの所では、自分は、かくのごとき名前で、このような男であった。そこより落ちてここに来た。」

（「仏所行讃阿惟三菩提品第十四」『国訳一切経本縁部四』参照）

幾千もの前世の生涯を、現に今体験しているかのように悉く釈尊は思い出した。

次に釈尊は、あらゆる生命の過去の生涯、輪廻の姿、つまり一切衆生の前世もまさに自分のことのごとく手に取るようにわかった。

釈尊はあらゆる人の悩みに答えるとき、病気や苦悩の原因をその人の前生に求め、それを指摘し、適切な回答を示すことが多々あった。それゆえ、釈尊は大衆に人気があった。多くの者が自らの前生を釈尊に問うた。しかし、前世やあの世、霊魂などについての興味のみの質問には修行の妨げになるゆえ「毒矢の譬え」（「毒箭経」）のように無記として答えなかった。今修行して悟りを開けば、すべての解決と答えはえられるからである。

釈尊はさらに宇宙の輪廻、即ち幾多の宇宙の創造と破壊をも想起した。

釈尊が成道のとき何をお悟りになったかは、日蓮大聖人は次のように、より鮮明にご教示くださっている。

「此三千世間の法門は我等が最初の一念に具足して全く闕減なし。此一念即色身となる故に此身は全く三千具足の体なり。是を一念三千の法門とは云ふなり。之に依て地獄界とて恐るべきにあらず、仏界とて外に尊ぶべきにあらず。此一身に具して事理円融せり。全く余念なく不動寂静の一念に住せよ。上に云ふところの法門、是を観ずるを実相観と云ふなり。余念は動念なり、動念は無明なり、無明は迷ひなり。此観に住すれば此の身即本有の三千と照す、是を仏とは云ふなり。是を以て妙楽大師の云く〈当に知るべし身土一念の三千なり。故に成道の時此本理に称ふて一身一念法界に遍し〉と云云。」

（総在一念抄　定遺八一—八二頁）

釈尊は、その心が拡大し大宇宙と一体の境地に立たれた。この境地からみると、この宇宙には単独で存在する物はない（無我）。「あらゆる生きとし生けるものは、お互いに関係しあい、補い合って成長してゆく」という縁起の法、生命一体の法則がわかる。即ち一切が関係性によって成り立っている。宇宙は大いなる一つの生命体なのである。

以上のような釈尊の境地は夢想ではない。釈尊は、単に縁起の法則を悟っただけの存在ではない。諸法の実相、生死の真相、この宇宙の一切をお悟りになられたお方なのである。ゆえに覚者と歴史を超えて尊称されるのである。

釈尊は、輪廻転生の生存がもたらす生老病死、四苦八苦からの解脱を求めて出家され、悟りを開かれた。それは自らを含め一切衆生の生命の本体が永遠の仏であり、生きとし生けるものは、すべて助け合い、補い合い、大いなる総和の生命を形成しているとの悟りである。この見地からみれば、生老病死とは、大いなる命を地上に顕すためのシステムである輪廻転生から要請される命の新陳代謝となる。また八苦は、本仏の生命の分身である個々の生命の魂の試練であり、経験である。久遠の生命の感得により、人はこの四苦八苦から解脱できる。

臨死体験

現代の臨死体験等の例のなかに、釈尊の悟りの体験の真実性を証明できるような例がある。

臨死体験とは人が心臓停止、いわゆる死の状態に陥ったときの体験をいう。つまり、死にかけた人が奇跡的に意識を回復したときに語る不思議な体験である。興味深いことに、臨死体験は釈迦やキリストの深い宗教的意識体験、即ち悟りに近似しており、しかも近年、レイモンド・ムーディーや、エリザベス・キューブラー・ロスの研究をきっかけに心理学者・精神医・脳生理学者などの学問の研究対象ともなってきている。

評論家、立花隆著『証言・臨死体験』のなかに長野県佐久市在住コメット・ハンター木内鶴彦氏の興味深い体験が述べられている。

木内氏は四つの彗星を発見した世界的なコメット・ハンターであるが、十二指腸閉塞から臨死の世界に入る。氏は体から魂が離脱した状態で、時間を乗り超え六歳の夏のある日に帰った。その日彼は、兄や姉といっしょに家の近くの千曲川に川遊びに行った。大きな石がゴロゴロしている河岸段丘の斜面を降りて川原に出ようとして、木内さんは姉の後ろを歩いていた。そのとき、後ろから突然、「危ない」という声が聞こえた。その声にパッと目を上げると、姉がいま足を乗せようとする石とその上の大きな石がゆるんでいて、姉がそのまま足を乗せると、大きな石が姉のところにころげ落ちて直撃しそうだということがわかった。それで、後ろから姉を突き飛ばした。姉は後ろから押され、前に転んだ。そのため、上から落ちた大きな石は姉を直撃せずに落ちていった。転ぶときにちょっと怪我をしたが、転んだおかげで姉は助かった。けれども、みんなは姉が転んで怪我をしたのも、大きな石が落ちてきたのも、木内さんが突き飛ばしたせいだと思った。姉を大きな石から守るために突き飛ばしたんだといくら説明しても、誰も信じてくれなかった。それで、時間を超えてその日の場面に戻ってみた。そして、その場面を、いわば見物客のようにもう一度見ているうちに例の石が見えてきて、それが落ちそうになっているのに気がついたとたん、「危ない」と自分で言ってしまった。すると、そこにいた小さいときの自分がこっちをパッと振り返った。つまり「危ない」と言ったのは、未来の大人の自分だった。

木内氏は、この時空間の問題について次のように言及している。

「この世の時間、空間とは別の、より高次元の時間、空間があるということだろうと思うんです。高次元の時空では、低次元の時空は乗り超えられている。ぼくはあるとき、子どもがテレビゲームに熱中しているのを見ていて、ああ、あれだな、と思ったんです。テレビゲームの中でキャラクターが必死になって生きてますね。そして、障害を乗り越えるのに失敗して頓死したりする。ゲームのたびに、キャラクターはそれぞれの人生を新しく生きる。人間もあれと同じ存在だと思うんです。キャラクターの時空は、テレビの画面のなかにしかない。しかし、テレビゲームのプレーヤーは、テレビ画面とは次元がちがう時空にいて、テレビ画面上の時間や空間をどうにでもあやつることができる。人間がこの世の時空しかないと思うのは、テレビゲームのキャラクターが、テレビ画面上の時空以外の時空が存在しないと思っているのと同じことです。この世の時空を超越した時空があるんです」

これは、この世、娑婆世界を超える時空の存在を暗示している。つまり、この世の次元を超える浄土の存在を予想させる例といえる。

「それだけじゃありません。もっともっと不思議な現象がいくらでも起こるんです。臨死体験のなかで、ぼくはまだ語っていない不思議な体験をたくさんしています。臨死体験というのは、この世の次元を飛び超えて、高次元の世界に入ることなんです。そこでは、人が自分であり、動物が自分であり、植物が自分であり、いろんな物質が自分であるというような体験をすることができます。宇宙も自分なんです」

ここでは、梵我一如、釈尊の悟りの世界である宇宙即我、生命一体の境地のごときにまで言及しているのである。

法華経

釈尊のお悟りの内容を悉くお説きになられているのが法華経である。法華経寿量品に説き顕わせられた釈尊の悟りとは、釈尊自らの本体が久遠の本仏であるということである。即ち、釈尊は、永遠の昔より生き続ける無始無終の宇宙の大生命をお悟りになった。寿量品には、

「我仏を得てよりこのかた、経たる所の諸の劫数　無量百千万　億載阿僧祇なり」

（妙法蓮華経如来寿量品第十六　平楽寺二六八頁）

釈尊は、悟りを開いて仏になろうとしたのであるが、悟ってみると自分は永遠の昔から仏だった、ということが説かれている。これを始覚即本覚という。本覚は不覚であるがゆえ始覚されるのである。

しかも、この仏は、私たちの心のなかにあり、大宇宙に遍満する生きとし生けるものの命の総和である大生命なのである。このことを、法華経のなかでは二乗作仏（仏性の平等、即ち仏の命の遍在）と久遠実成（生命の永遠）という二つの大きな理念として説かれている。つまり

仏の命の時間・空間における遍在を説かれている。実は、私たち一切衆生の命は、永遠に生き続ける一つの大きな仏の命の現れであり、すべての命は、一体であるという真理なのである。そしてその宗教実践として、三つ目の大きな理念である願生による輪廻転生を前提とした菩薩行が説かれる。

日蓮聖人の生死観（生命観）

日蓮大聖人は、「されば釈迦、多宝の二仏と云ふも用の仏なり。妙法蓮華経こそ本仏にてはおはし候へ。」（諸法実相抄　定遺七二四頁）と、釈尊の悟りの内容を一大秘法の「妙法蓮華経」としてお示しである。即ち、私たちの命のなかに具わっている大宇宙の総和の仏、寿量御本仏を「妙法蓮華経」の一大秘法とお呼びする。

また宗祖は、この久遠の仏が大宇宙そのものであることを、次のごとく仰っている。

「又云く『次に随自本門真実の本とは、釈迦如来は是れ三千世間の総体、無始より来本来自証無作の三身、法法、皆具足して闕減有ること無し』。文に云く『如来秘密神通之力』と。」

（今此三界合文　定遺二二九二頁）

この久遠の本仏を、宗祖は釈尊一人の本体のみではなくして、我ら衆生、即ち全人類の本体としての本仏でもあるとして、「我等が己心の釈尊は、五百塵点、乃至所顕の三身にして、無始の古仏なり。」（観心本尊抄　定遺七一二頁）とお説きになっている。

久遠実成の釈尊、久遠本仏は、三身即一無始無終の久成の三身の仏である。この仏は三千世間の総体であり、宇宙のすべてにより構成され、したがって、また十方世界の多くの分身諸仏により構成される。即ち個人格の仏ではなく、総和の人格よりなる総合仏である。

『観心本尊抄』は宗祖日蓮大聖人所立の日蓮仏教の中核をなす聖典であり、そのなかの四十五字法体段は、一大秘法たる真実の仏陀の生命構造を説き明かしたご文章である。即ち、己心という意識を中心とした本仏と人間の宇宙生命観が説かれている。

「今本時の娑婆世界は三災を離れ四劫を出でたる常住の浄土なり。仏既に過去にも滅せず未来にも生せず、所化以て同体なり。此れ即ち己心の三千具足の三種の世間なり。」

（観心本尊抄　定遺七一二頁）

まず、『今』とは即身成仏して悟った現在、悟る前の時と区別しこの語が用いられている。日蓮仏教においては、「観念と現実の一致」の原理によって教学が展開され、そのすべてが現実に収束される。しかも、この四十五字法体段で「観念と現実の一致」の原理が打ち立てられたのである。したがって、この『今』は、現実を表すために用いられている。なぜなら現実とは、我々一人ひとりの認識のうえに成立する。即ち、現在の己心に具足するものである。過去の現実はもはや現実ではなく、未来の現実は未だ現実ではないからである。

つまり、御本仏の立場に立ったとき、この現実の世界は三災（火・水・風の三つの災い）も四劫（宇宙の誕生から崩壊までの四つのサイクル）も超越した永遠の浄土なのである。この本覚の立場に立った信解脱境においては、無常遷滅の穢土娑婆は、本有不変常住不滅の浄土の現象世界における表現となる。悟りの境地に立つと本仏と同体の立場に立つから、無常遷滅に左右されず、娑婆の本体本質は、密相の常住の浄土（永遠に存在する不可視の浄土）と感得される。

本仏釈尊は過去に入滅などされていないし、未来にあらたに生まれてくることもありえない。我らと御本仏は同体の存在なのである。これこそが我ら凡夫の心のなかに宇宙全体が具わっているということなのである。

宗祖は、私たちの己心（九識）である妙法蓮華経が大宇宙の生命たる本仏であると説かれている。即ち、『諸法実相抄』には、次のように述べられている。

「されば釈迦、多宝の二仏と云ふも用の仏なり。妙法蓮華経こそ本仏にてはおはし候へ。経に云く『如来秘密神通之力』是れなり」　　（諸法実相抄　定遺七二四頁）

宇宙全体は寿量御本仏の現れであり全体で一つの生命である。寿量御本仏から一念三千の創造原理によりすべては生まれ、その分身たる我らはこの世あの世、つまり有相顕在（明在系）の世界、無相密在（暗在系）の世界を行きつ戻りつ輪廻転生し、総和の人格たる本仏のマクロの創造に対しミクロのレベルで世界創造を進めているのであるが、ここで考察すべきは、不可視の暗在系の世界、即ち霊山浄土（仏界）を中心としたいわゆる「あの世」であろう。

要はこの娑婆世界は霊山浄土を中心としたあの世（暗在系）、娑婆世界（明在系）と二重構造になっており、娑婆世界は霊山浄土に包まれ、娑婆世界に住する我等の己心に霊山浄土がある。つまり、霊山浄土（暗在系）は、娑婆世界即ち現象世界を内包し、かつ娑婆世界に内在し世界を顕現展開しつつある。

この娑婆世界に相即する不可視の浄土は、理論物理学者のデヴィッド・ボームの提唱する「明在系と暗在系」という考え方によってよく理解される。

ここで、明在系と暗在系について概説すると、この宇宙は二重構造になっていて、私たちの存在する物質的宇宙の背後にもう一つの視覚に映らない宇宙が存在する。目に見える物質的宇宙を明在系（explicate order）、目に見えない宇宙を暗在系（implicate order）という。暗在系には、明在系のすべての物質・精神・時間・空間などが不可分にたたみこまれている（『ニューサイエンスと気の科学』青土社参照）。ここで、“explicate order”とは、開示された自明な秩序、即ち私たちが知りうる秩序のことである。また、“implicate”とは、巻き込むという意味であり、“implicate order”とは、目に見えない秩序「内在秩序」のことである。要は、無相密在の常住の浄土（暗在系）即ち、目に見えない心の世界の浄土が、現象世界、即ち明在系（有相顕在）として顕れてきているのである。

この暗在系（霊山浄土）は、娑婆世界即ち現象世界を内包し、かつ娑婆世界に内在し世界を顕現展開しつつあるという関係をよく説明するのが、二〇世紀ドイツの高名な数学者であるフェリックス・クラインの壺（Klein's bottle）の考えである。これは、自分の心の内側に奥深く入っていくと外なる宇宙法界に出てしまうという不思議な構造になっている。

これらの各浄土の関係は、神秘霊在の仏界たる霊山浄土が、本仏己心と同体たる一切衆生の己心から現象世界へと顕現する発展途上の世界が娑婆世界であり、ゆえに娑婆世界の本質が霊山浄土であり、娑婆世界の目指す理想の浄土が霊山浄土である。大曼荼羅御本尊は、それらのすべての様相を顕している。ここで本尊とは仏体のことではなく仏の中身、つまり仏の観心に現れた自らの生命と十界互具するところの宇宙の実相である。それを大曼荼羅に図顕されたのが日蓮大聖人である。

霊山浄土

霊山浄土とは、釈尊が法華経を説かれたインドの霊鷲山、とくに霊山虚空会のことであるが、宗祖はその様相を以て大曼荼羅御本尊を図顕され、『観心本尊抄』には、

「其の本尊の体たらく、本師の娑婆の上に、宝塔空に居し、塔中の妙法蓮華経の左右に、釈迦牟尼仏、多宝仏。釈尊の脇士たる上行等の四菩薩。文殊、弥勒等は四菩薩の眷属として末座に居し、迹化他方の大小の諸菩薩は、万民の大地に処して雲閣月卿を見るが如し。十方の諸仏は大地の上に処したまふ」（観心本尊抄　定遺七一二頁）

大曼荼羅御本尊の示す浄土は、『観心本尊抄』四十五字法体の顕すところの、凡夫の己心に具

足する本仏己心から顕現した娑婆世界の本質としての浄土である。即ち、霊山浄土であり、娑婆世界の本質であり、娑婆世界が実現すべき理想の浄土の完成図であり、妙法受持の行者の円満たる己心の様相である。

浄土の顕現の原理が一念三千

ミクロの世界に目を転じると、霊山浄土なる神秘世界、仏界から現象世界が創造されつつあることがよく理解される。量子力学のいわゆるボーアのコペンハーゲン解釈によると「観測者の心により波動が収縮して素粒子となる」（ジョン・グリビン著『シュレーディンガーの猫』地人選書参照）というような、「この世の物質が観測者の心に左右される」もしくは、「観測されて、物質は初めて実在する」という。つまり、心、精神世界から、物質世界が生まれてくることが理解されるのである。

この娑婆即寂光の娑婆浄土の顕現の原理が一念三千である。想いはものを創る。一念三千の原理により、この発展途上の娑婆の浄土に、秘密荘厳の世界をもたらすことが南無妙法蓮華経のお題目を唱える者の仕事である。無相の神秘実在の浄土に実在するものの秘密にして未だ顕われていないものを、ミクロのレベルで本仏の誓願を自らの誓願とし、三大秘法の実践によって、一つひとつ実現してこの娑婆即寂光の浄土を完成させるのが、我ら地涌の菩薩の使命であり喜びでもある。これが法華経の菩薩行である。

霊山一会厳然未散

「霊山一会厳然として未だ散ぜず」とは、霊山一会即ち釈尊の霊鷲山での法華経の会座における儀式が今なお厳かに散会せず現在に続いているとの意味である。この句は、『天台内証仏法の血脈相承の義記』にあるが、宗祖は、それを引用されて、次のように仰せである。

「又天台内証仏法の血脈相承の義記に云く『内証仏法の伝は天台大師大蘇山普賢道場に於いて、三昧開発の時霊山一会厳然として未だ散ぜず、時に釈尊より天台に面授口決し給ふ』云云。（中略）日蓮が相承も是の如く法華経に依って開悟し、法華宗の血脈を列ぬるなり」

（法華宗内証仏法血脈　定遺六九七頁）

大聖人は、法華経教相に説かれる本門虚空会が未だ散会していないという天台大師の「霊山一会厳然未散」という内証の境地を、法華経の色読を通しその観心に入り、時空を超えて大師と共有された。宗祖の内観においては、寿量御本仏の人類救済の仏願を以て開かれた霊鷲山での法華経の会座は未だ散会せず、御本仏は永遠の過去から未来にわたって人類を指導し、娑婆世界を経営されているのである。

外相承によって受け取った法華経の一念三千を、内相承では霊山一会厳然未散の神秘世界に参入し、釈迦牟尼仏より事《じ》の一念三千、結要付属の一大秘法たる五字仏種として相承する。内証にこそ真実がある。かかる神秘実在の血脈相承に列なることにより、日蓮仏教は末法救護の命のかよった実践宗教として光芒を放つのである。実在の霊界、浄土である霊山浄土の主催者である久遠の本仏は、本師本化の関係にある自己の活現体たる地涌の菩薩をして、娑婆世界に涌出せしめ、妙法蓮華経の五字による一切衆生の救済とその娑婆世界の浄土化、つまり仏国土実現を目指している。

釈尊御領

神秘霊在の仏界たる霊山浄土に指導されて、浄土化を目指す娑婆世界とは何かというと、宗祖は、本仏釈尊の経営する釈尊の所領、即ち釈尊の御領なのであると捉えられている。

「此国は釈迦如来の御所領なるを」
（法門可被申様之事　定遺四四六頁）

したがって、娑婆浄土と霊山浄土は相矛盾するものでなく、同一の宇宙観のなかに体系的に位置づけられている。法華経の肝心に悟入したうえで法華経の教相を受け取れば、法華経の説く世界は単に神秘的な比喩的な物語ではなく、現実の世界の実相を悉く説いたものであることに信解がいたる。

主師親三徳

宗祖は、法華経譬喩品第三にある、

「今此の三界は　皆是れ我が有なり　其の中の衆生は悉く是れ吾が子なり　而も今此の処は諸の患難多し　唯我一人のみ　能く救護を為す。」　（妙法蓮華経　平楽寺一六三頁）

との釈尊の宣言に基づく釈尊御領観を世界観としてお持ちになられていた。

宗祖は次のようにご教示くださっている。

「故に法華経の第二に云『今此三界皆是我有其中衆生悉是吾子而今此処多諸患難唯我一人能為救護雖復教詔而不信受』等云云。此文の心は釈迦如来は我等衆生には親也、師也、主也。我等衆生のためには阿弥陀仏、薬師仏等は主にてはましませども、親と師とにはましまさず。ひとり三徳をかねて恩ふかき仏は釈迦一仏にかぎりたてまつる。」

（南条兵衛七郎殿御書　定遺三二〇頁）

大聖人は法華経譬喩品第三の文に基づいて、釈尊は霊山浄土から娑婆世界までの全世界を領有・経営する主で、そのなかを輪廻転生しつつ成長する一切衆生を指導する最高の師であり、それを育む親であるとされている。大聖人は、その信の極致に法華経の説く教相の悉くを現実の真実として表したものとお受け取りになり、この霊界から娑婆世界を含めたそのなかで、一切衆生が輪廻する世界である三界をすべて釈尊の領地として観ておられるのである。

「仏と申すは三界の国主たる大梵王、第六天の魔王、帝釈、日月、四天、転輪聖王、諸王の師なり、主なり、親なり。三界の諸王は皆此の釈迦仏より分ち給ひて、諸国の総領、別領等の主となし給へり。」

（神国王御書　定遺八八一頁）

釈尊御領観は、三界（一切衆生の生存する世界）を釈尊を頂点とする有機的階層構造として捉えられている。それはまさに、大曼荼羅御本尊に図顕された世界にほかならない。

我々の世界は大地・虚空・山海・草木一分にいたるまで釈尊の所有であり、そのなかの一切衆生は、皆悉く釈尊の子どもたちである。慈愛に満ちた釈尊中心の世界観である。

「娑婆世界は五百塵点劫より已来教主釈尊の御所領也。大地、虚空、山海、草木一分も他仏の有ならず。又一切衆生は釈尊の御子也。」　（一谷入道女房御書　定遺九九二頁）

ここに霊山浄土から娑婆世界そしてその浄仏国土の完成にいたるまでの具体的意志と機能を有する釈尊中心の世界観が確立されているのをみる。

我らは父なる寿量御本仏の分身・愛し子として、御本仏の慈悲を心に抱き、師なる本仏の弟子としてその教えにしたがい、主なる本仏の従者として浄仏国土建設の誓願を以てこの世あの世を輪廻転生している。つまり誓願を以て輪廻転生をして仏の人類救済の仕事をしているのである。これが菩薩行道である。輪廻転生とは仏の用(働き)をこの娑婆世界に顕すためのシステムといえる。この娑婆に建設される浄土は唯一絶対の本仏を信仰の中心とする浄土であり、本法である本門の題目を受持信行する行者所住の戒壇を核とした本国土である。それはまたお題目の祈りによる人々の心と心の調和による大曼荼羅御本尊が示すところの大調和の世界である。

霊山浄土の様相

大曼荼羅は法華経本門虚空会の儀相を元として表現され、そのさし示す浄土は、超感覚世界の浄土、お題目信唱受持の行者の心に現れる浄土、現実の裟婆に実現すべき浄土である。大曼茶羅は、法華経の本門虚空会の様相を顕している。その光景は永遠の霊界であって、実は常住不滅の本体界であるので、今もなお虚空会は実在している。「霊山一会厳然未散」という言葉は端的にそのことを示している。虚空とは空のことではなく、本体界の真如のことである。

「伝教大師の血脈に云く、『夫れ一言の妙法とは両眼を開いて五塵の境を見る時は随縁真如なるべし。両眼を閉ぢて無念に住する時は不変真如なるべし」(立正観抄　定遺八四九頁)

真の霊界は不変真如の大曼茶羅である。現実は因縁所生の実相であるから、目を開いて見た随縁真如の世界の姿であるが、同時に目を閉じてこれを悟れば不変真如の本体界に通ずる。日蓮大聖人はその無相密在の大曼茶羅界と、我々人間とを妙法五字七字のお題目で継いで、霊験奇蹟の救いの道をお開きになった。その実践宗教の救いが現証にほかならない。

霊山浄土の中心

大曼茶羅御本尊の顕す浄土にある中央首題は寿量御本仏、すべての生命の根源にして、総和の生命体の御名である。

「無作の三身の宝号を南無妙法蓮華経と云ふなり」　　（御義口伝　定遺二六六二頁）

その御本仏の生命は慈悲と智慧の無量にして永遠の大光明であり、霊山浄土の中心に燦然と輝いている。

「妙法五字の光明にてらされて本有の尊形となる。是を本尊とは申す也」

（日女御前御返事　定遺一三七五頁）

列座の諸尊はその分光、分霊にして光の人格化した活現体である。列座の諸尊が、南無妙法蓮華経の光明に照らされ導かれて、総じて本仏の生命と働きを顕すのである。本尊の様相は、妙法蓮華経の五字から一念三千の原理にしたがって、大宇宙とそこに存在するすべての生命が顕現し、またその五字の光明によって、一切が包まれ導かれている構造を示す。すべての命は、妙法五字とつながっているのである。例えば、上行菩薩という霊格は、ほかの列座の諸尊とは異なる特性・固有性を有するが、同時にほかのすべての仏菩薩、生命体を自らの命のなかに内包する。即ち具しているのである。列座の諸尊は南無妙法蓮華経という無作三身の仏そのものであり、かつまたその分光、分霊でもある。つまり十界互具である。ここに千変万化、寿量御本仏の生命のダイナミズムがある。南無妙法蓮華経と唱えるとき、私たちは、すべての諸尊と生命をつなぎ無作三身の仏となって曼荼羅世界の中心に位置し、世界を妙法五字の光明で照らすのである。

個体霊というものは、中央首題寿量御本尊が分光を重ね、枝分かれしていった存在である。例えば観世音菩薩は三十三身を現じ、妙音菩薩は三十四身を現じ、普賢菩薩は色像無辺を現ずると説かれている。だから、個体霊が本体界に帰ると大曼荼羅に示されている通り、それぞれの菩薩の人格のなかに帰入して本地と連続統合された生命を形成する。また本化の菩薩は四大菩薩を上首として、無量の眷属があるといわれている。この世に生まれてきた者の生命の系列は観音菩薩や普賢菩薩系、文殊菩薩系等いろいろな系列に属するが、それらは皆統合されて本化四大菩薩系に所属する。よく立派に人間の尊い使命を果たした者は、死後その霊界に入って自身の本地に帰る。この場合、個体霊の個性は存続しつつ統合されていくのである。ゆえに総和の人格という。

霊山往詣

霊山往詣の原義は、霊山一会厳然未散なる霊山浄土に詣ることである。したがって、それはまた、霊山虚空会への参列を意味する。『観心本尊抄副状』に、「師弟共に霊山浄土に詣でゝ三仏の顔貌を拝見したてまつらん」（観心本尊抄副状　定遺七二一頁）と述べられている通りである。霊山浄土の大きな意義は、我等娑婆の衆生の死後行くべき浄土としての側面にあり、霊山往詣は、とくに死後に霊界たる大曼荼羅界に参入することを意味することが多い。

生死観から霊山浄土をみると、我等衆生の魂の帰還である霊山往詣は大きなテーマである。

「日蓮をこい（恋）しくをはせば、常に出る日、ゆうべにいづる月ををがませ（拝）給へ。いつ（何時）となく日月にかげをうかぶる身なり。又後生には霊山浄土にまいりあひまひらせん。南無妙法蓮華経。」

（国府尼御前御書　定遺一〇六三頁）

「過去の仏は凡夫にておはしまし候し時、五濁乱慢の世にかゝる飢たる法華経の行者をやしなひて、仏にはならせ給ぞとみえて候へば、法華経まことならば此功徳によりて過去の慈父は成仏疑なし。故五郎殿も今は霊山浄土にまいりあはせ給て、故殿に御かうべ（頭）をなでられさせ給べしと。おもひやり候へば涙かきあへられず。恐恐謹言。」

（春初御消息　定遺一九〇八頁）

したがって、このように霊山浄土は、師弟・親子・夫妻の死後に赴き、行き会う場所であり、娑婆世界において、悲しみ多き薄幸の者への安心と慰めの浄土でもある。宗祖は御自ら霊山浄土での再会を約束されている。これを方便の言というがごときは、祖師に対する不信を表明することにほかならない。

寿量御本仏の仏界たる霊山浄土より、人類救済の悲願をもってお題目の広宣流布に挺身した地涌の菩薩たる聖徒たちは、大学生が夏休みに親元に帰省するように、死後、霊山浄土に帰還して安らかな憩いに入ることができる。即ち、地涌の菩薩にとって霊山往詣とは、自らの使命を果たして永遠のふるさとに帰省することなのである。一休みしたら、また衆生を救うために、誓願を立てて人間の世界に下生するのである。

己心に具足する精神の世界としての霊山浄土

しかるに霊山浄土とは、同時に己心に具足する精神の世界でもある。妙法蓮華経の五字を受持する者は、受持即成により本仏の境地に立つから、この娑婆世界にあって、寿量本仏の光明界（霊山浄土）に生死を超えて安住することになるのである。即ち霊山浄土とは、法華経の行者の究極の境涯、高い波動の精神そのものの世界である。

「我等が弟子檀那とならん人は一歩を行かずして天竺の霊山を見、本有の寂光土へ昼夜に

往復し給ふ事うれしくとも無申計、無申計。」（最蓮房御返事　定遺六二四頁）

お題目受持の行者は、その受持の念々に、自らの住処に霊山浄土を実現し、霊山浄土に往詣するのである。

睡眠中の霊山往詣

また、法華経受持の者は、睡眠中体外離脱、即ちその魂を肉体より離脱せしめ、霊界の大曼荼羅界たる霊山浄土に行くことがあるが、本人の記憶にないことが多い。この娑婆とあの世は波動の次元が異なるため、霊山浄土での体験は思い出しにくいのである。それは自らの意識でも周波数の異なる次元構造をしているからである。

輪廻観

霊山浄土と輪廻転生

主師親三徳を具える久遠の本仏と本師本化の関係にある本仏の活現体たる地涌の菩薩、即ち私たち日蓮宗教師・檀信徒は、本仏に教導され永遠の過去より、霊山浄土と娑婆世界を願生によって輪廻転生、往来して、妙法蓮華経の五字による一切衆生の救済と、その娑婆世界の浄土化に挺身している。即ち菩薩行道、従弟子の三道を実践している。この日蓮仏教の核心を実践するための行法が三大秘法といえる。

本門の題目（祈り）は、大曼荼羅御本尊に向かって南無妙法蓮華経と至心唱題すること。このとき、法華経受持の行者は、入曼荼羅する。換言すれば大曼荼羅御本尊の顕す霊山虚空会の世界に信唱受持の行者は参入し、自らの人類救済の誓いを思い出すことができるのである。このとき行者の己心もそのまま大曼荼羅世界となる。これが本門の本尊（悟り）である。入曼荼羅の行者は、霊山の大戒たる一大秘法の五字を受持し、この娑婆世界に大曼荼羅世界、浄仏国土を建設するという仏願仏業に挺身する。これが本門の戒壇（行い）である。

以上、三大秘法を実践するとは、実在の釈尊とその不滅の浄土を「霊山浄土断疑生信」と信じ、お題目を唱えるごとに、念々に霊山往詣し、「如世尊勅当奉行」（世尊の勅の如く具に奉行すべし）の誓願を新たにし、如来使として娑婆世界の大地に涌出し、地涌の菩薩たる聖徒を生きることであり、仏陀と不滅の浄土をこの娑婆世界に顕現することである。

我ら地涌の菩薩の輪廻転生は、仏国土建設を誓願した願生としての輪廻転生であり、いわゆる業生とは次元を異にする。法華経菩薩道における願生は、寿量御本仏の分身散体として仏願仏業に励むことであるから、いわゆる輪廻転生を超越、解脱した魂の次元にある。

原始仏典における輪廻観

仏教の目的といえる解脱の前提に輪廻転生がある。サンスクリット原語のサンサーラは〈流れること〉〈転位〉を意味し、生ある者が生死を繰り返すことを指すので、〈生死〉とも訳され、また輪廻転生ともいわれる。インドで広くおこなわれた考えであるが、仏教では、解脱しない限り、生ある者は迷いの世界である三界六道を輪廻しなければならないと考えられていた。（『岩波仏教辞典』参照）

釈尊が魂や輪廻を否定しているかのように捉えられる向きも多いが、原始仏典は輪廻思想の逸話が多く、その因果論は人を導き精神を浄化する力がある。

釈尊の出家の目的・仏教の目的は四苦八苦からの解放、永久の幸せの獲得にあるといえる。この世でも来世でもともに幸せであって、初めて本当の幸せといえる。この世で悪行を尽くし、我欲の満足を得ても死後地獄で苦しむならそれは本当の幸せとはいえない。

「悪いことをした人は、この世で憂え来世でも憂え、ふたつのところで共に憂える。かれは、自分の行為が汚れているのを見て、憂え、悩む。善いことをした人は、この世で喜び、来世でも喜び、ふたつのところで共に喜ぶ。かれは、自分の行為が浄らかなのを見て、喜び、楽しむ。」

（『ブッダの真理のことば　感興のことば』中村元訳　岩波文庫）

真に永久の幸福を得るには、生死の輪廻を超えた境地にいたらねばならない、そのためには、智慧を完成し輪廻のすべての事柄の真相を知らねばならない。

「前世の生涯を知り、また天上と地獄とを見、生存を滅ぼしつくすに至って、直観智を完成した聖者、完成すべきことをすべて完成した人、――かれをわれは〈バラモン〉と呼ぶ。」

（『ブッダの真理のことば　感興のことば』中村元訳　岩波文庫）

それは完成された智慧をもって、苦しみの輪廻の設計者を探すことである。輪廻のシステムの設計者を捜すことは、輪廻の目的を知ることでもあり、人を輪廻の境界に誘う原因を突き止めることでもある。

「わたくしは幾多の生涯にわたって生死の流れを無益に経めぐって来た、――家屋の作者をさがしもとめて――。あの生涯、この生涯とくりかえすのは苦しいことである。」

（『ブッダの真理のことば　感興のことば』中村元訳　岩波文庫）

「家屋の作者よ！　汝の正体は見られてしまった。汝はもはや家屋を作ることはないであろう。汝の梁はすべて折れ、家の屋根は壊れてしまった。心は形成作用を離れて、妄執を滅ぼし尽くした。」

（『ブッダの真理のことば　感興のことば』中村元訳　岩波文庫）

釈尊は輪廻のシステムの設計者を突き止め、その目的を知った。そしてその原因である妄執を滅ぼし尽くしたのである。

法華経の輪廻観

法華経は輪廻転生を前提として、如来の寿命の永遠とその命の遍在を説き、弟子たちの未来の成仏の予言（授記）をし、寿量御本仏の本願たる一切衆生の成仏による救済の誓願、また、永遠の過去から弟子として教え導いてきた本化の菩薩の存在を説く。またその本仏の誓願の継承者たる上行菩薩とその眷属たる本化の地涌の菩薩の願生による仏滅後の弘教を説く。法華経において輪廻転生は、原始仏教と異なり遠離すべきものではなく、むしろ、積極的にそれを使って永遠の未来まで正法を弘教し、人類を救済し、成仏させてゆくためのシステムである。

「若し我衆生に遇えば　尽く教うるに仏道を以てす
無智の者は錯乱し　迷惑して教を受けず
我知んぬ此の衆生は　未だ曽て善本を修せず
堅く五欲に著して　痴愛の故に悩を生ず
諸欲の因縁を以て　三悪道に墜堕し
六趣の中に輪廻して　備さに諸の苦毒を受く
（中略）
仏子道を行じ已って　来世に作仏することを得ん」

（妙法蓮華経方便品第二　平楽寺一〇八頁）

大聖人の輪廻転生観

大聖人は法華経の輪廻観を信受し自己の輪廻観の根本とされている。祖師は、輪廻観を仏教の教理の大きな柱として捉えられ、それを前提として、浄土観、成仏観、生死観等を構成されているのである。

「大通智勝仏、法華経を説き畢らせ給て定に入らせ給しかば、十六人の王子の沙弥其前にしてかはるがはる法華経を講じ給けり。其所説を聴聞せし人幾千万といふ事をしらず、当座に悟をえし人は不退の位に入にき。又法華経をおろか（疎略）に心得る結縁の衆もあり。其人人当座中間に不退の位に入らずして三千塵点劫をへ（歴）たり。其間又つぶさに六道四生に輪廻し、今日釈迦如来の法華経を説き給に不退の位に入る。所謂舎利弗、目連、迦葉、阿難等是なり。」　（唱法華題目抄　定遺一八五頁）

即ち大通智勝仏は法華経を説き終わられると禅定に入られた。そこで十六人の王子の沙弥らはその仏の前で、交代に法華経を講説された。その説法を聴聞した人は幾千万もの多きにおよんだ。その場で悟りを得た人は不退の位に入り、またおろそかに聞いてただ法華経との縁を結ぶことができただけの人々もあった。縁を結んだだけの人々は、その場ではもちろんその後にあっても不退の位に入ることができず、三千塵点劫という永い間、凡夫の迷いの世界を輪廻し続け、今回ようやく釈迦如来にお会いでき、法華経を聞くことによって、ついに不退の位に入ることができた。即ち、舎利弗・目連・迦葉・阿難といった人たちがこれである。大聖人は法華経の輪廻観をそのまま信受され、それを前提として、一切衆生の救済を思考されている。輪廻、魂、浄土、本仏の誓願等は、宗祖の御心のなかでは、いくつもの次元にわたり統一的に存在し、すべて娑婆にフォーカスされて具現化すべき理念なのである。

願生

以上のような、合目的なつまり本仏の仏意を以て創造展開救済されつつある宇宙体系において、宗祖はご自身をお題目で一切衆生を救おうという願いを持って転生してきた上行菩薩と自覚なされた。宗祖においては、輪廻転生はもはや解脱すべきものではなく、それを利用して本仏の誓願である一切衆生の救済を娑婆において実現すべきシステムなのである。宗祖は自己の現在位置を永遠の時間と多次元にわたる宇宙マップの中で確認されていて、自己の生命活動を発現すべきベクトル（力の大きさと方法）を定めておられる。それは法華経の教相によって自己の位置と方向を定め、現世を実際に生きられたことにほかならないのである。

「今の国主も又是の如し。現世安穏後生善処なるべき此大白法を信じて、国土に弘め給はば、万国に其身を仰がれ後代に賢人の名を留め給ふべし。知らず、又無辺行菩薩の化身にてやましますらん。又妙法の五字を弘め給はん智者をば、いかに賤くとも上行菩薩の化身か。又釈迦如来の御使かと思ふべし。」

（法華初心成仏抄　定遺一四二二頁）

本化の菩薩は仏国土建設の誓願をもってグループで転生する。つまり、本化の地涌の菩薩は一人で転生してくるのではなく、同じ使命を持った菩薩たちとともに転生してきて、その浄仏国土建設の使命を果たすのである。

「末法にして妙法蓮華経の五字弘めん者は男女はきらふべからず。皆地涌の菩薩の出現にあらずんば唱へがたき題目なり。日蓮一人はじめは南無妙法蓮華経と唱へしが、二人三人百人と次第にとなへつたふるなり。未来も又しかるべし。是あに地涌の義にあらずや。剰へ広宣流布の時は日本一同に南無妙法蓮華経と唱へん事は大地をまととするなるべし。」

（諸法実相抄　定遺七二六頁）

宗祖のご指南によって、我らも大いなるこの世あの世を包括した大宇宙大曼荼羅世界のなかでの自己の位置を確認し、使命を悟ることができるのである。それは、我らがどこから来て、何を為しどこへ行くべきか知ることにほかならない。

輪廻転生の意義

久遠本仏の仏意を以て輪廻転生の意義をみると、輪廻転生の目的は仏国土建設となる。それは本仏が自己を分身散体せる我ら地涌の菩薩を通じての自己実現である。

日蓮大聖人の一代の弘通は、『立正安国論』に始まり『立正安国論』に終わるといわれている。それは、『立正安国論』が地涌の菩薩のリーダーである上行菩薩としての本懐をお述べになられているからである。

「汝早く信仰の寸心を改めて、速に実乗の一善に帰せよ。然らば則ち三界は皆仏国なり、仏国其れ衰へんや。十方は悉く宝土なり、宝土何ぞ壊れんや。国に衰微なく土に破壊無くんば、身は是れ安全に、心は是れ禅定ならん。此の詞、此の言信ずべく、崇むべし。」

（立正安国論　定遺二二六頁）

信仰の寸心とは何か。立正安国論の講義には、「寸心とはっきり、心を方すというから、方寸の寸である。実乗の実は権実の実である」などと書かれているが、実乗とは、唯一実在の真理である法華経が我々の日常の生活に実践され、生かされてくることをいう。そうでなければ実乗ではない。実在の仏の道である法華経の仏道が我々の日常生活そのものとなったとき、始めて実乗となる。そして、あらゆるものが仏乗化されていることを実乗という。権実の実ではない。

信仰の寸心を改めるということは、わかりやすく述べると、信仰の方向を変えることになる。仏さまの方を向いて皆お助けくださいと拝んでいた。この方向を百八十度方向転換する、即ち信仰の向きを変えるということである。向こうに救い主がいて、こちらに哀れなる救われたい者がいる。この関係を逆にして、我々の方があらゆる力を持ち、釈迦を背負って娑婆に浄仏国土を建設する。唯一実在の久遠実成の釈尊の仏意をもって信仰と生活のベクトルを変えたとき、三界は仏国となる。十方は宝土となる。人間が変らなければ、永久に、この土に仏土は顕現しない。わずかに心の方向を変えることが、日蓮仏教の核心である。

輪廻転生には法則性がある

因果律・因果応報、必ずしも前生で犯した罪の償いや罰には現罰や順次生とは限らない色々なルールがある。「善因善果、悪因悪果、縁起、カルマ」など。

因果

「天台云く〈今我が疾苦（しつく）は皆過去に由る、今生の修福（しゆふく）は報将来にあり〉等云云。心地観経（しんじかんぎよう）に云く〈過去の因を知らんと欲せば、その現在の果を見よ。未来の果を知らんと欲せば、その現在の因を見よ〉等云云。不軽品に云く〈その罪畢（お）えおわつて〉等云云。不軽菩薩は過去に法華経を謗（ほう）じ給ふ罪身にあるゆへに、瓦石（がしやく）をかほるとみへたり。」（開目抄　定遺六〇〇頁）

天台大師は法華玄義第六で「今の私の悩み苦しみは皆、過去世の罪に由来する。今生に積んだ福報は来世に受けることになる」といい、心地観経には、「過去世にどのような善因・悪因を積んだかを知ろうと思ったならば、それが現在にどのような結果となって現われているかを見なさい。また、来世に善い果が現われるか悪い果が現われるかを知ろうと思うならば、現世で善因を行なっているか悪因を行なっているかを考えなさい」と述べている。法華経の常不軽菩薩品には「その罪畢《お》え已《おわ》って」とある。常不軽菩薩は過去世において法華経を誹謗した罪が身にあるから瓦や石を投げつけられたと理解されている。

現在の人間の境涯、生存の有りさまは過去の業の結果としてある。また未来の境涯、生存の有りさまを知ろうとすれば、未来の果の原因となる現在の生き方を見ればよいのである。不軽菩薩の迫害に遭うことさえ、因果の法則を離れるものではない。過去の法華経を誹謗した罪によるのである。

悪因悪果

「涅槃経に転重軽受と申す法門あり。先業の重き、今生につきずして未来に地獄の苦を受くべきが、今生にかゝる重苦に値せ候へば、地獄の苦みぱつときへて、死に候へば人・天・三乗・一乗の益をうる事の候。不軽菩薩の悪口罵詈せられ、杖木瓦礫をかほるも、ゆへなきにはあらず。過去の誹謗正法のゆへかとみへて、〈其罪畢已〉と説かれて候は、不軽菩薩の難に値ふゆへに、過去の罪の滅するかとみへはんべり〈是一（これひとつ）〉。」

（転重軽受法門　定遺五〇七頁）

涅槃経に「転重軽受」という法門がある。それは前生の悪業の報いが重くて、今生では尽くしきれず、未来において地獄の苦しみを受けなければならないのであるが、今生でこのような重い苦しみを受けることにより、未来の地獄の苦しみはたちまちに消えて、死後は人間界・天上界・三乗・一乗の利益を受けることができるという教えである。不軽菩薩が悪口され罵られ、杖木で打たれ瓦礫を投げつけられたりして迫害を受けたのも、理由のないことではなかった。それは不軽菩薩が過去世において正法を誹謗した報いかとみられるからである。経文には、「その罪畢え已って」と説かれているのは、不軽菩薩が難に値ったことによって、過去の罪が消滅したということを言い表わされたものと思われるのである。これが第一点である。

過去世の謗法によって未来に受けるべき重罪を、法華経を持つことによって今生で苦を受けて罪を消滅することを述べられている。これを転重軽受という。即ち過去世の謗法の重罪を今生重苦に値って消滅することをいう。

善因善果

過去生に良き行いをする。良き縁に遭うと今生にその功徳がある。

「我等衆生の無始已来六道生死の浪に沈没せしが、今教主釈尊の所説の法華経に奉値事は乃往過去に此寿量品の久遠実成の一念三千を聴聞せし故也。」

（太田左衛門尉御返事　定遺一四九七頁）

業（カルマ）

輪廻の方向を導くのは行為、即ち業（カルマ）。過去世よりの宿業は、返済すべき自分及び他人への借りであり、または学習すべき事柄である。カルマは清算しないと来世はさらに困難なものになる。またカルマは、精神と肉体の両次元にわたる行為の集積エネルギーでもあるから良いカルマもあるので、それは善業となって個体霊の精神ステージ、波動次元を高め魂の器を大きくしてくれる。我らは三大秘法である祈り・悟り・行いを通してカルマの方向性とエネルギーを正し、御本仏の自己実現である世界創造に参加し、仏願仏業を達成すべきである。

「されば先世に業を造る故に諸苦を受け、先世の集煩悩が諸苦を招き集め候。過去の二因、現在の五果、現在の三因、未来の両果とて三世次第して一切の苦果を感ずる也。」

（太田左衛門尉御返事　定遺一四九五頁）

参考　現代の輪廻転生観　エドガー・ケイシーのリーディングより

我々は死後どこに行くのかということを知るためには、現世に肉体をもって生まれる前に我々がどこにいたのかということをまず考える必要性がある。

「エドガー・ケイシーのリーディングは、肉体の死の後も存在する我々の一部は、肉体的に生まれる前にも生きていたと説いています」とジョン・ヴァン・ウォーケンは言う。「生命とは連続した体験であるという考え方は、ただ単に『死後の人生』というよりはもっとずっと幅の広い概念です。意識の点から見ると、我々は今この瞬間、始まりも終わりもない永遠の世界にいるのです」ヴァン・ウォーケンは、魂の創造と個々の意識の目的について詳しく述べている一連のリーディングについて語った。

「一なる力であるところの神から、多くの個々の意識の点が生まれました。魂としての我々は、進化するために、それぞれが自分自身を知るために、さらには心が全なる神と一体であることを認識し、またそうなれるようにという目的で生命と自由を与えられました。ケイシーによれば、神が仲間を欲しいと望まれたその瞬間に、すべての魂が創造されたということです。これは、地球が誕生するはるか昔に起きたことです。つまり、地球が存在するずっと以前に我々は霊魂としてすでに存在していたことになります」
（配本「輪廻する魂」から抜粋　ジョン・ヴァン・ウォーケン　日本エドガー・ケイシー
センター　ホームページ参照）

エドガー・ケイシーは、米国のケンタッキー州の小さな町に農業を営む一家の長男として一八七七年に生まれる。ケイシーは催眠状態になると、あらゆる問題に答えるようになり異教の思想である輪廻転生が語られた。

リーディングの概要を述べると次のようになる。ケイシーはまず依頼者の占星術的な特徴を描写することから始める。占星術的な特徴を説明し終わると、今回の人生に影響している過去生をそれぞれ今回の人生に近い方から順番に解説していく。そして人によってはこのなかで業（カルマ）の連鎖が解明される。主な過去生がひと通り解説されると、依頼者の質問を受けつける。エドガー・ケイシーは、二〇世紀の人であるがブッダと同じように前世を透視した。彼が輪廻転生に関してきわめて具体的で実証的なデータを提供してくれたおかげで、二千数百年前に立てられたブッダの輪廻転生論を現代風な装いのもとに甦らせることが可能になった。（光田秀「エドガー・ケイシーの霊的哲理と仏教―ブッダとケイシーの漏尽通」『大法輪』平成十一年

一月号要約）

「この種のカルマの実例はケーシーのファイルのなかに数多く見出される。その一つは、生れながら全くの盲目の、ある大学教授がラジオでケーシーについての話をきいた。彼はフィジカル・リーディングを申し込み、その指図にしたがって按摩や電気療法、食事療法等の総合治療を行った結果、からだは丈夫になり視力もいちじるしく回復した。医者からサジを投げられていたのに三カ月すると左眼の視力は一〇パーセント回復した。この教授のライフ・リーディングは四回にわたるこの人の前生について述べた。一は南北戦争時代のアメリカ、二は十字軍時代のフランス、三は紀元前一千年ごろのペルシヤ。その前は沈没直前のアトランティスである、と。現在の彼に盲目をもたらした霊的法則はペルシヤの時代に彼が発動させたのだといわれた。彼は野蛮人種の一人で、その種族は赤くやけたコテで敵の目をつぶす習慣があり、彼はそれを行う職業についていたのである、と。」

（ジナ・サーミナラ『転生の秘密』たま出版）

「次に注目すべき例はマニキュアの美容師をしている女性で、この人は一才のとき小児麻痺にかかったのだった。足の発育がとまってしまい、松葉杖と添え木がなくては歩けなくなってしまった。彼女のこの不具の原因はカルマの立場からみるならば、アトランティスに生まれたときに彼女がある方法によって――それが薬によるのかあるいは精神感応によるのか、それとも催眠術によるのかリーディングは明らかにしなかったが――『人々の足を弱くし、人のあとからついて歩くことしかできないようにしたところにある』というのだった。このために今度は自分がそのような目にあっているのである、と。」

（ジナ・サーミナラ『転生の秘密』たま出版）

「投げ矢のカルマの第三の面白い例は四十才になる婦人の場合で、彼女は子どもの頃からアレルギーの症状で悩まされていた。ある特定の食物、主にパンやそのほかの穀類だが――を食べると乾草熱（花粉症）の患者のようにクシャミがはじまるのだった。またある品物に触れると――主として靴の皮とかガラスのふちとか――横腹に神経炎症の激痛がおこるのである。長年にわたっていろいろの医者にかかったけれど、効いたのは二十五才のときに受けた催眠療法だけだというのだった。その療法は、およそ六年間は効いていたが、その後次第にもとにもどってしまったのである。この婦人がケーシーからリーディングを受けようとした主な目的は病気を治すためであったが、ケーシーの透視にはカルマからくる原因も含まれていた。リーディングは次のように述べた。『この人はかって前生において化学者だった。そしてある物質を用いて人にかゆみを起こさせた。だから今生において自分がそのような目にあっているのである。またこの人は吐く息で他人に悪臭をあたえるためにある種の物質を用いたこともある。それゆえ彼女は今生においてはある種の金属やプラスティックや匂いや皮に触れるとすぐ中毒するのである。皮が樫でなめしてある場合は、かぶれないが、もしこの人がかって前生で他人を妨害するために用いた材料と同じものでなめしてあるならば、この人は中毒する」と。

（ジナ・サーミナラ『転生の秘密』たま出版）

以上のような輪廻転生の実例が近代のキリスト教社会のアメリカにおいて語られている。しかもその内容は、日蓮大聖人の語られている輪廻転生観や生死観を実証するような内容である。我々は祖師のお言葉や、法華経の説くところの内容を素直に受け取り、さまざまな角度から考える必要があるのではないか。

我々が、真に充実した生き甲斐をもった人生を送るためには、死というものを鏡として、人生を映してみる必要がある。現代の金銭を目的とした残虐な殺人事件、子殺し、親殺し、刹那の快楽のための殺人、借金返済のための自殺、ホリエモン、村上ファンドなどに見られる金銭至上主義の社会的病理現象は、現代日本が神仏、あの世、魂などの高次元な存在や世界を喪失したからである。

この精神の波動、次元を低下させる一方の日本国を救い立正安国の浄仏国土の理想実現のためには、まず我々教師・僧侶が大聖人の生死観をよく学び、聖徒・檀信徒の皆さまに伝えていく必要がある。

「夫以れば日蓮幼少の時より仏法を学び候しが、念願すらく人の寿命は無常也。出る気は入る気を待事なし、風の前の露尚譬にあらず。かしこき（賢）もはかなき（愚）も、老たるも若きも定め無き習也。されば先臨終の事を習ふて後に佗事を習ふべし」

（妙法尼御前御返事　定遺一五三五頁）

参考文献

服部正明訳『世界の名著』1　中央公論社
中村元訳『ブッダのことば―スッタニパータ』岩波文庫

『マッジマ・ニカーヤ』中部（中阿含経）
立花隆著『証言・臨死体験』文藝春秋社
湯浅泰雄／竹本忠雄編『ニューサイエンスと気の科学』青土社
ジョン・グリビン著『シュレーディンガーの猫』(上)(下)　地人選書
中村元訳『ブッダの真理のことば　感興のことば』岩波文庫
ジョン・ヴァン・ウォーケン『輪廻する魂』日本エドガー・ケイシーセンター　ホームページ
光田　秀「エドガー・ケイシーの霊的哲理と仏教―ブッダとケイシーの漏尽通」『大法輪』平成十一年一月号
高橋信次『人間・釈迦』三宝出版
立正大学日蓮教学研究所編『昭和定本日蓮聖人遺文』本文中（定遺）と略記
日蓮宗霊断師会『日蓮聖人御遺文全集』行道文庫
日蓮宗霊断師会『新日蓮教学概論』行道文庫
『論叢　行道』第五号（平成十九年一月）行道文庫
『日蓮聖人全集』春秋社

一　日蓮大聖人の生命観（生死観）

高佐日煌上人研究室講義等筆録

高佐日煌『霊界の門を覗く』行道文庫

二　日蓮仏教における仏陀と成仏の構造

序章　日蓮仏教の目的

日蓮仏教といっても、その仏教としての原則に変わりはない。それは、今から二五〇〇有余年前、ゴータマ・ブッダが菩提樹の下で悟りを開き、人々にお説きになった悟りへの道の継承である。

仏教の目的とは生老病死に代表される人生の苦悩からの成仏による解脱である。ところで、これらの生老病死の四苦は人生それ自体の諸相を苦と認識するものであるから、人々をこの四苦から救済する場合も、単に物を与えたり、精神的な慰めを与えたりすることではその救いは成し遂げられない。生老病死とは、ゴータマ・シッダールタ自身が、シャカ族の王子として上等なカーシー産の被服を着て三つの宮殿に女性たちの伎楽に囲まれて、物質的にも精神的にも豊かに暮らしていても避けられなかったものであり、成仏することにより、人生それ自体を超越しなければ解決されないものであった。つまりこれらの苦しみは、生存自体の苦しみであり、したがって、人を救う場合にもその人を成仏させ、輪廻転生から解脱させて、その人の生存形態、もしくは、苦を苦と思う意識レベル自体を変えてやらなければ、本当の意味でその人を救済することにはならないのである。即ち、自他の救済は、成仏によってのみ可能なのである。

以上から、ゴータマ・ブッダ以降のすべての仏教の目的は自己の成仏であり、また他者を成仏させることにあったといえよう。であるから、全仏教は成仏に集約され、成仏を視点としてこれを観察するとき、その教義はよく解明されるのである。

日蓮大聖人の仏教の目的も、次のごとく自他の成仏にあったのである。即ち、自己の成仏は、

「日蓮は少より今生のいのりなし、只仏にならんとをもふ計なり。」

（四条金吾殿御返事　定遺一三八四頁）

とあり、また人々の救済も、

「我不愛身命の法門なれば捨命、此法華経を弘めて日本国の衆生を成仏せしめん。」

との文のごとく成仏させることによらなければならない。

（波木井殿御書　定遺一九二五頁）

したがって、日蓮仏教も、成仏観の立場からこれにアプローチすることによって、その教義がよく解明されるのである。日蓮仏教の教義がよく解明されなければ、日蓮宗教師によるお題目総弘通への真の情熱も起こらないし、日蓮仏教の教義の現代的発展・解明がなければ、「一天四海皆帰妙法」の祖願は永遠に達成されないであろう。

よって、日蓮仏教の解明に成仏観の視点よりアプローチし、あわせてその教義の現代への会通を試みるものである。

第一章　日蓮教学の原理

第一節　境智冥合

日蓮教学の原理とは、日蓮聖人が独自の宗教を構成するにあたり根本基調とした思想である。それは『境智冥合』と呼ばれる理念であると高佐日煌師は看破されている。

聖文によれば『境智冥合』とは、

「夫れ法華経第一方便品に云く『諸仏智慧甚深無量』云云。釈に云く『境淵無辺なる故に甚深と云ひ、智水測り難き故に無量と云ふ』と。抑も此経、釈の心は仏になる道は豈に境、智の二法にあらずや。されば境と云ふは万法の体を云ひ、智と云ふは自体顕照の姿を云ふ也。而るに境の淵ほとりなくふかき時は、智慧の水ながるる事つゝがなし。此の境、智合しぬれば即身成仏する也。（中略）此境智の二法は何物ぞ、但南無妙法蓮華経の五字也。」

（曽谷殿御返事　定遺一二五三頁）

とあるように、成仏の原理である。即ち、この『境智冥合』とは、境と智との深い合一のことである。境とは所観の対境即ち認識対象であり、森羅万象の体、客観の世界をいう。智とは境を観察する能観の智慧。つまり認識する心作用であり、万法の自体を照らし顕す用であり、主観の世界を指す。この対象と認識、客観と主観が完全に合一するのを境智冥合といい、物質界と精神界の合一でもあり、古来、成仏の原理であった。即ちこの『此の境、智合しぬれば即身成仏する也。』という成仏の原理が即ち、『境智冥合』である。

髙佐日煌師は、この『境智冥合』を、

「境とは万法の体すなわち我々の知覚し得る現実の世界であり、智とは自体顕照の姿であるから、我々の意識の上に構成される観念である。冥合は暗々裡々の一致を云うのであるから、此の旧い詞を現代に改訳すると『観念と現実の一致』になる。この原理こそ、内外相承の結合点であり、三大秘法の成立の根拠である。」（宗門改造第七四号）

という内容で説明し、日蓮教学の原理を『境智冥合』即ち『観念と現実の一致』としている。

ところで、宗祖は、『境智冥合』の成仏の原理を別の言葉で次のように表現しておられる。

「唯だ所詮一心法界の旨を説き顕すを妙法と名く。故に此の経を諸仏の智慧とは云ふなり。一心法界の旨とは十界三千の依正、色心、非情の草木、虚空、刹土いづれも除かず、ちりも残らず、一念の心に収りて、此の一念の心法界に遍満するを指して万法とは云ふなり。此理を覚知するを一心法界とも云ふなるべし。」（一生成仏抄　定遺四二頁）

この聖文では、一念の心にすべての境、即ち客観世界をおさめ、一念の心が法界に遍満することを以て成仏の原理としている。つまり、一念の心即ち智と、法界即ち境との合一を成仏の原理としているのである。

さらに、この成仏の原理を宗祖は観心本尊抄のなかで、妙楽大師の言葉を借りて次のように述べておられる。

「我等が己心の釈尊は、五百塵点、乃至所顕の三身にして、無始の古仏なり。（中略）妙楽大師の云く『当に知るべし、身土は一念の三千なりということを。故に成道の時此の本理に称ふて一身一念法界に遍し』等云云。」　　（観心本尊抄　定遺七一二頁）

我らが己心は、永遠にして宇宙法界大の釈尊を具足しているが、この己心、一念は成道すると宇宙法界に拡大し、宇宙法界は己の身土となる。即ち、己心は宇宙の心そのもの、我らが体は大宇宙体そのものということになる。換言すれば、我らが一身一念は大宇宙という仏の一身一念となって、広大無辺の天地法界に遍満するということになる。即ち宇宙法界、天地法界、つまり大宇宙は一仏身であり、我々の心身が、大宇宙である仏身と一如し一体となるのである。

現代の最も有力な宇宙論は、ビッグバン理論である。この理論はロシア生まれのアメリカ人物理学者ガモフが一九四八年に発表したものであるが、それは、宇宙は一五〇億年前、高温・高密度の状態から爆発的に膨張して今にいたったとする宇宙論である。この爆発は、時間も空間も物質さえもない一つの点、即ち特異点から始まったとされるが、この爆発前の宇宙の状態は、まさに主客合一、物質も精神も時空間さえもが一点に合一している。これが、まさに宇宙という仏の境と智が冥合しているオリジナルな状態であるといえよう。宇宙は境智冥合の一点、一者から膨張発展し多数存在となり、さらに境智冥合の一点に集約されていくと思われる。つまり、宇宙の最終目標は境智冥合であるといえよう。

さて日蓮仏教は境智冥合、即身成仏を目標とするから、観念と現実の一致という不断の境智冥合を我々は日々に生きなければならない。

第二節　観念と現実の一致

大乗仏教は、紀元後一、二世紀ごろ起こった大きな乗り物のような教えという意味の仏教であり、自分だけの悟りよりも、広く衆生を救済することを目的とした。これは、学問的出家専門家集団と化した小乗（部派）仏教に対して、釈尊の真精神である衆生救済の大慈悲心に立ち返ろうとした仏教運動であり、したがって、その特徴は広く利他行を実践し、それによって仏となることを目的とする点にある。

この大乗仏教を宗祖は、天台を通じた外相承によって受け取られたわけであるが、その仏陀観・成仏観・浄土観等の内容は、悉く観念的であった。それは、小乗仏教に対し、大乗仏教がその優位性を強調するあまり、神話的・文学的・哲学的に、仏陀観等のそれぞれの内容が、観念上において発展拡大していったからである。なお、大乗仏教が小乗仏教に対し、釈尊の真精神である衆生救済の大慈悲心を強調拡大した運動であったところから、この拡大現象は仏陀観を中心に始まっていったと思われる。であるから、このような拡大発展は大乗仏教の本質から必然的にもたらされたものといえよう。

しかし、皮肉なことに、このような仏陀観・成仏観・浄土観等の拡大発展は、それぞれの内容の観念化と現実性の希薄化をもたらし、もはや、衆生にとって、現実の成仏の道は閉ざされてしまったのである。仏教は成仏によって自他を救う道である。ここに、救済を強調した大乗仏教は成仏の道を失うことにより、その第一の目的である衆生救済の力をも喪失してしまうことになる。

しかるに、日蓮仏教の目的は、自己の成仏とともに、他者を成仏させることによる救済にあった。

「我不愛身命の法門なれば捨命、此法華経を弘めて日本国の衆生を成仏せしめん。」

（波木井殿御書　定遺一九二五頁）

即ち、宗祖は、ラジカルに、原始仏教以来の仏教の目的であり手段でもある成仏を、自己の仏教の目的として把握されたのである。宗祖は、非常なエッセンシャリストであったといえよう。したがって、宗祖は非現実的に観念化した仏陀や浄土を現実化して、成仏を現実に可能なものとしなければならなかった。このところを髙佐日煌師は「久遠実成の釈迦牟尼仏はいかなる形において常在し不滅なのであるか、我此土安穏の浄土は、いかなる状態において我々の知覚に投ずるのであるか、（中略）その観念的な仏陀や浄土を、日蓮大聖人は成仏観の上に捉えて、つまり現実の人間とその生活の上に移して、『観念と現実の一致』に踏み切って居られるのである。」（宗門改造第七四号）と捉えておられる。

つまり、外相承の観念を内相承の信を以て即身成仏として現実に捉え直さなければ、『観念と現実の一致』は成立せず、成仏と救済も現実のものとならないのである。

即ち、宗祖は次のように、大乗仏教では観念化した仏陀観を現実の我々の上にオーバーラップされている。

「無作三身の本門寿量の当体蓮華の仏とは日蓮が弟子檀那等の中の事なり。」

（当体義抄　定遺七五九頁）

「法華経の行者は久遠長寿の如来也。」（四条金吾殿御返事　定遺八九四頁）

天台にはこのような仏陀観を成仏観に擬する思想はない。

宗祖における、この教学原理の端的な表明は観心本尊抄四十五字の法体にみられるが、その前提として、宗祖は、能変の教主である釈尊およびその教主によって、変化変現された諸仏およびそれらの浄土を観念上即ち教相上のものとして否定されている。

「其れ始め寂滅道場華蔵世界より、沙羅林に終るまで、五十余年の間、華蔵、密厳、三変、四見等の三土、四土は、皆成劫の上無常の土に変化する所の方便、実報、寂光、安養、浄瑠璃、密厳等なり。能変の教主涅槃に入りたまへば、所変の諸仏も随つて滅尽す。土も又以て是の如し。」（観心本尊抄　定遺七一二頁）

髙佐師はこの文の聖意を次のように述べている。「この一段は教観相対の観心勝を明示する聖意であることは動かない。（中略）現象世界の常住不変を否認することは、同時に教相上の一切を否定し去り、真実常住の久遠の大霊仏とその大霊仏の所居たる不滅の浄土を信解する前提に他ならない」（宗門改造第七九号）。これらの観念、教相上の仏陀、浄土を否定したうえに四十五字の法体段が明かされる。

「今本時の娑婆世界は三災を離れ四劫を出でたる常住の浄土なり。仏既に過去にも滅せず未来にも生せず、所化以て同体なり。此れ即ち己心の三千具足の三種の世間なり。」

（観心本尊抄　定遺七一二頁）

と宗祖はここで、『観念と現実の一致』の教学の原理を打ち立てられている。即ち、常住の浄土という観念は今本時の娑婆世界という現実の娑婆世界に相即、一体化した浄土として説かれることによって、現実の娑婆世界に具足される。永遠不滅の仏という観念は、「所化以て同体なり」とすることによって、本仏化導の所化たる九界の衆生を構成する現実の我々凡夫と一体なものとして説かれ、観念と現実を一致せしめられている。

さらにそれらの本仏と浄土は、本仏とそれから仏界縁起により展開された浄土世界であり、本仏己心所具の三千は、「事の一念三千観」によれば、仏界所顕の無作三身である。この聖文は、前段からの、観心勝の立場に立脚しているので、これがそのまま我ら凡夫、一切衆生の己心、現実的には、妙法信唱受持の行者の己心に具足するところの実在十界の身土であり、一念三千に具足する三種の世間なのである。したがって、本仏も本国土も、われら凡夫の己心、法華経の行者の一念と同体なのである。即ち、宇宙法界という観念のすべてを現実の我々凡夫の己心に具足するものとして、究極の現実に一致せしめている。

このようにして、大乗仏教の観念的所産である仏陀観・浄土観・成仏観は、それぞれ、己心のなかにおいて生きた血潮を与えられ、生命の躍動を開始する。このところを髙佐師は、次のように述べている。

「己心とは、この場合、我々の心理的構成のすべてであり、同時に現実世界に対する認識の主体を指す語である。己心なくして認識はなく、認識なくして現実のないことが三千具足の三種の世間の義である。故に凡夫の己心に八万法蔵の文化的所産を帰納するとき、観念に描かれた本仏及びその浄土は、始めて現実に生きて脈々として鼓動するのである。」

（宗門改造第七四号）

大聖人の成仏観は、下種の五字、信唱の七字によって、「妙法蓮華経は九識なり」（御義口伝定遺二六一二頁）とある通り、法華経の観念を悉く凡夫己心の第九識に一致させることにあり、「観念と現実の一致」の徹底せるものである。即ち、久遠本仏の種姓である下種の本法を受持する行者は、幼稚であっても本仏の生命表現者であり、本仏の活現体として、大覚世尊の仏位を継承するのであるが、

「地涌千界の菩薩は己心の釈尊の眷属なり。例せば太公、周公旦等は周武の臣下、成王幼稚の眷属、武内の大臣は神功皇后の棟梁、仁徳王子の臣下なるが如し。上行、無辺行、浄行、安立行等は我等が己心の菩薩なり。」（観心本尊抄　定遺七一二頁）

「一念三千を識らざる者には、仏大慈悲を起し、五字の内に此の珠を裹て、末代幼稚の頸に懸けさしめ玉ふ。四大菩薩の此の人を守護したまはんこと、大公、周公の文（成）王を摂扶し、四皓が恵帝に侍奉せしに異ならざる者なり。」（観心本尊抄　定遺七二〇頁）

との聖文のごとく、この行者は、四大菩薩をして、成王における周公、恵帝における四皓、応神天皇における武内のごとく、仏位相続の資格によって、自らに侍従せしめる立場に立つという成仏観を成立せしめるのである。髙佐師はこのところを「実に徹底せる『観念と現実の一致』である」（宗門改造第七四号）と述べられている。

要するに、宗祖は観念化した大乗仏教の仏陀や成仏を、我々凡夫の現実の次元に一致せしめるという「観念と現実の一致」という思想的操作をすることとよって、成仏を可能なものとして我々凡夫の手に渡されたのである。これが、日蓮教学の原理「観念と現実の一致」である。

第二章　日蓮仏教における仏陀の構造

第一節　仏教史上における仏陀観の変遷

仏教は、自他の成仏による救済を目的とするから、成仏の目的となる仏陀がいかなるものであるか把握されないと、その成仏の構造は解明されない。したがって、ここに仏教史上における仏陀観の変遷を概略的にみておく必要がある。

原始仏教における仏陀（buddha）は、悟った人という意味の呼称であった。ジャイナ教でも真理を悟った人を仏陀（buddha）と称し、開祖のマハーヴィーラもブッダと呼ばれていた。インドでは、ブッダとは「愚か」（mūḍha）に対して用いられ「賢明な」という意味である。この時期における buddha は、理想の人格者を意味したが、仏教における修行者たちは、皆ブッダ（buddha）と呼ばれていた。この釈尊に対する呼称は、等正覚（saṃbuddha）・正等覚者（saṃmāsaṃbuddha）・尊師（bhagavā）・完全な人格者（tathāgata）・尊敬すべき人（arhat）等多数存在したが、これらは皆インド一般で修行者を意味したものであった。仏教へのこの一般的呼称の採用から考察すると、仏陀の現実生活の様相も理想も、一般宗教家のそれらとさほど異なっていなかったと思われる。

小乗仏教においては、これらの呼称は、仏陀の神格化が進むとその宗教的意味を深めていった。そして、小乗仏教の目的とする解脱境は、これらのなかの阿羅漢果とされ、アルハット（阿羅漢）は、その小乗仏教の修行を完成した人物、つまり、すべての煩悩を断ってニルヴァーナに入った最高の段階にある人のこととされ、神格化された仏陀とは区別されるようになった。阿羅漢とは、観念と行儀で成立する境地であるから、三学を修め苦修錬行により到達しうるところにある。

それらにおける成仏、阿羅漢果の獲得は、可能なものであったが、原始仏教・小乗仏教（部派仏教）は、自己の成仏のみ目指す傾向と煩瑣な学問的出家専門家集団化の傾向が顕著となり、勢い大衆と隔絶するようになり、大衆を成仏させて救済しようという仏陀の悲願を忘れた。つまり仏陀の真精神である慈悲の心を喪失し、また学問的に専門化したため、現実の人間の苦悩を解決するという、仏教が本来もっていた現実性を喪失するという思想的自己矛盾に陥った。

この思想的矛盾を解決するために、大乗仏教は仏陀の大慈悲心を拡大強化したが、またそれは同時に仏陀の人格の理想化・神格化をともない、その仏陀観を発達させていった。そしてまた、この慈悲心を以て利他行を実践することによって自分の成仏を成し遂げることができるとする菩薩道を創出した。

具体的に、仏陀観の拡大の跡をたどってみよう。まず、仏陀観は時間的に拡大した。即ち、時間の観念のうえで、釈尊は、拡大・普遍化される。この普遍化は、最初に、インド古来の輪廻思想によって、ゴータマ・ブッダの過去生の存在である過去七仏等の過去仏が考えられるということにおいてなされた。これらは、原始仏典の『長阿含経』の「大本経」等にみられる。そして、未来にも釈尊は普遍化し、『長阿含経』の「転輪聖王修行経」等において、予言のなかの未来仏としてマイトレーヤ（弥勒）が語られる。Maitreya は、インド、イランの古神ミトラ（mitra）の語に由来し、この語は同時に友人・仲間の意味の男性名詞である。またそれから派生したマイトラ（maitra）は中性名詞で友情を意味する。であるから、この Maitreya は形容詞では情け深い、男性名詞では慈・慈氏と訳されるが、これは慈悲の仏であり、友情の仏でもある。即ち、釈尊の慈悲の拡大強化は、未来に弥勒仏を生み出すのである。これが仏陀観の時間的拡大普遍化である。

時間的に三世に拡大された仏陀観は、次に空間的に拡大普遍化されてゆく。宇宙は時空間により成り立つ。釈尊は、まさに宇宙大に拡大普遍化され、すべての時間と空間に遍在するようになる。この動きは、仏滅後五〇〇年位に大乗仏教運動とともに盛んとなる。まず、東西南北の四方に、それぞれのブッダが考えられる。それらは、東方に阿閦仏（Akṣobhya）、西方に阿弥陀仏（Amitāyus, Amitābha）、南方に宝相仏（Ratnaketu）、北方に微妙音仏（Dundubhisvara）等が考えられたが、四方の次にさらに八方、上下を入れて十方の多数の諸仏が考えられ、ここに多くの三世十方の諸仏が成立していった。

この現在同時点における他方仏の成立は、宇宙観の拡大と成仏可能な多数の菩薩の出現による当然の現象である。しかし、現在、他方仏として最も古いとされている東方妙喜世界の阿閦仏や西方極楽世界の阿弥陀仏の出現の真の理由はほかにある。それは、人々の成仏したいとの欲求のせいである。仏のそばで仏法を聞き修行をし、速やかに悟りを開きたかったからである。そこで、これらの現在仏が求められた。しかし、娑婆世界は釈尊の国土であるので現在仏は他土に出現した。ここにおいても仏陀観の拡大は、人々を成仏させて救いたいとの原始仏教以来の仏陀の慈悲心の拡大によるものだと確認できる。

以上のような他方仏のなかで、阿弥陀仏・薬師如来・大日如来等が重要と考えられているが、これらの具体的な仏たちの仏陀観について、それぞれ考察していきたい。

阿弥陀仏の原語には、amitāyus（無量寿）、amitābha（無量光）の二種がある。これらは、それぞれ『法華経』の化城喩品ではアミターユス、『華厳経』入法界品ではアミターバとして登場しており、『無量寿経』や『阿弥陀経』等で同一仏名とされた。この仏の無量寿・無量光の観念は原始仏教経典に根差し、小乗仏教の大衆部でも説かれ、大乗経典においては一般的に強調されている。この無量寿の観念は、仏陀の生命の時間的無限性、即ち永遠性を示している。これは原始仏教において、四苦として認識された生老病死のなかの老死、即ち諸行無常なる生命の有限性への解決として求められた永遠の生命が、仏陀の属性として認識され、阿弥陀仏において強調されたものである。この生命の永遠性は、本来、成仏によって我ら衆生が獲得するべき目標であるが、衆生を救済するべき存在として外在的に衆生と対峙する阿弥陀仏に付与され、しかも成仏による、衆生と阿弥陀仏との一体化が計られていない。ここに、浄土往生思想の異教性と成仏原理としての未熟性があるといえよう。また無量光の観念は、光即ち仏の威力、救済力の遍在を意味するが、これは闇を照らす智慧でもあり、照らし出された全空間への遍在を意味する。この仏の威力も、成仏によって我ら衆生が獲得するべき目標であるが、やはり、外在的に衆生と対峙する阿弥陀仏に付与されている。これらの生命の永遠性や、仏身の空間への遍在が、阿弥陀一仏において強調されているが、重ねていうとその阿弥陀仏自体が我々の成仏の目標とされていないところに、この仏の異教性があるのである。ここにおいて、アミターバの観念はゾロアスター教の太陽神ミスラ、アミターユスは同じくズルヴァン・アカラナ（無限の時間）の影響であるとの説があるのも、また頷けるゆえんがある。

仏陀は、衆生の悩みを解決するので、医王とも呼ばれる。原始仏教において、四苦として認識された生老病死のなかの病から我々衆生を救ってくれる仏として発達したのが薬師如来（Bhaisajyaguru）である。そして、この仏もまた、我々衆生の祈りに応えて願いをかなえてくれる外在的に対峙する仏陀である。また同様にこの仏は、我々凡夫が成仏によって、生老病死をともなう存在形態から解脱するときの目標となるような仏としては存在していない。

毘盧遮那仏・大日如来は、サンスクリットでは、ヴァイローチャナ・ブッダ（Vairocana）という。これは、「あまねく照らす」という意味であり、遍照・光明遍照等と訳語がある。毘盧遮那仏が説かれている華厳経は、釈尊の大悟直後の自内証の直接的表現とされている。この経典が述べるには、釈迦仏はマガダ国で正覚を成じたとき、その悟りを開いた阿蘭若菩提道場において海印三昧という禅定に入り、身体から光を放ち、毘盧遮那仏という宇宙的な仏の姿を顕現した。毘盧遮那仏は、輝くもの・太陽という意味であるが、太陽の光が無限に広がりすべてを照らすように、毘盧遮那仏は宇宙のすべてを照らし、全宇宙に遍在する。

「仏身は常に顕現して　法界に悉く充満し　恒に廣大の音を演べて　普く十方の國に震ふ、如來は普く身を現じて　遍く世間に入り　衆生の楽欲に随ひて　神通の力を顕示す、仏は衆生の心に随ひて　普く其の前に現じ　衆生の見る所の者は　皆是れ仏の神力なり」

（大方広仏華厳経　如来現相品第二　国訳一切経　八三頁）

このように、釈迦仏は仏身を拡大させて宇宙大にまでなり、宇宙そのものでもある。この宇宙は、仏の真理の現れでもあるので、「法界」とも呼ばれるのであるが、「仏陀」という宇宙生命そのものでもある。

原始仏教における、釈迦仏の悟ったものは、法（dhamma）であるとされている。即ち、「わたしはこの法（dhamma）をさとったのだ。わたしはその法を尊敬し、うやまい、たよっていることにしよう。」（Saṃyutta-Nikāya VI,1,2. Vol. I　相応部　中村元訳　釈尊の生涯）

この悟った内容が法であることから、仏陀は真理と合一したとされ、「法身」の観念が発達し、それは真理の現れである「法界」という宇宙そのものと等しいとみなされていくようになった。このように毘盧遮那仏は、原始仏教の仏陀の悟りの内容から出発して、その宇宙大の仏身を獲得した。華厳経には、このような仏になる道として菩薩道が十地品等に組織的に説かれているが、その道は遥かであり、凡夫がそのように成仏する可能性と現実性は希薄である。

ここで、法・報・応の三身等の仏身論について少し考察してみたい。小乗仏教時代には、仏身論について種々議論が行われたが、これを大別すると、大衆部と上座部二つの型に分けることができる。まず大衆部の仏身論は、報身と応身の二身論に立っている。大衆部では釈尊の超人的霊性から、その仏身の大きさも寿命も無限であり、休むことなく、衆生救済の活動をしているとする。そしてこのような仏は非常に長い間仏に成るための修行を積み、報いられた身であるから報身と呼ぶのである。本来、仏は智慧によって悟った存在であるから、報身の本質は智である。そしてその智は、衆生救済の慈悲行として、救済せられる衆生に応じていろいろの形を取って現われるので、これを応身と呼ぶ。したがって大衆部の見方によると、歴史的にインドに生誕した釈尊は応身ということになるのである。

次に上座部は、生身と法身の二身を立てている。上座部では、あくまでも釈尊を人間に即して見た、その体も寿命も有限であり、崇拝の直接の対象であった生身の釈尊は八十歳で入滅されたのである。しかし、釈尊の伝道生活において説き遺された教法は、一種の人格的な存在となって活動しているとする考えが生まれてきた。この教法を法身とするのが教法法身である。この教法の根本は仏の悟りであるが、それにいたる実践形式として説かれたのが、戒・定・慧・解脱・解脱知見の五分である。ところで仏は、この五分として実際に生きて、弟子たちを悟りに導いているとみることができる。そこでこの五分を仏とみて五分法身と呼んだ。五分法身を修行している団体である僧伽自体も仏とみなして僧伽法身と名づけた。したがって上座部では生身の外に教法法身、五分法身、僧伽法身等を立てたのであるが、これらをまとめると結局生身と法身の二つになる。かくて、小乗仏教においては大衆部の報身、応身の二身説と上座部の法身、生身の二身説が現れたのであるが、応身と生身とはほぼ同様の存在なので、この二つの部派の説を合わせると法身と報身と応身の三身となるのである。しかし、それらは大乗仏教によって完成される。

大乗仏教の仏身論の中心を成すのは、法身と報身と応身の三身論である。この三身は、悟りの本質の三つの角度・方面から発生したと考えられる。即ち悟りの主体である智を本質として考えられるのが報身である。これは、悟り主体であるがゆえに、久遠の過去から人格的に努力修行をして報いられた人格仏である。それゆえ報身は仏陀観の中心に存在し、法身を体現し応身を現じる霊仏である。次に悟りの客体たる真理を本質とするのが法身である。この真理は、真如、実相、空である。即ち悟りの客体たるすべての存在は皆因縁所生であるがゆえにそれ自体、固定的実体性をもたないので、空である。これが存在の真の在りようなので、真如という。また真実の様相という意味で実相と呼ぶのである。この悟りの客体たる真理は、悟りの智自体が完全なものなので、主客対立を越えており、智と合一している。即ち理智不二なのである。インドにおいて知ることとは成ることである。先に述べた日蓮教学の原理である境智冥合はこの理智不二と同様の悟りの原理であったのである。つまり法身と報身は一体のものの二面なのである。そしてこの悟りの本質、主体である智が、慈悲の救済活動態であるさまざまな姿を取るとき、これを応身という。

ここで、先に述べた諸仏を三身論からみると、阿弥陀仏は法蔵比丘が修行により今から十劫以前に成仏して阿弥陀仏と成り、西方極楽浄土にいらっしゃるので有始無終の報身仏である。

薬師如来は同様に報身仏である。毘盧遮那仏は、先に述べたように、全世界、宇宙を仏身と見た無始無終の法身仏である。

第二節　法華経寿量品の仏陀観

前節まで、仏教史上における仏陀観について検討してきたが、ここで、日蓮大聖人が依経とされた法華経の仏陀観について如来寿量品を中心に考察してみたい。なぜなら、日蓮大聖人は天台教学の法門を外相承し、内証の悟りは法華経の観心を通し、釈尊、上行菩薩を直師とされるからである。即ち、

「今外相は天台宗に依るが故に天台を高祖と為し、内証は独り法華経に依るが故に、釈尊、上行菩薩を直師とするなり。」（法華宗内証仏法血脈　定遺六九七頁）

日蓮大聖人が一切経を通読され、法華経を立教開宗の依経とされたのは、法華経が仏教統一の経典であったからである。なぜなら仏教がその教えの発展のなかで、観念上の多数の仏陀を生み、多岐にわたる成仏への道を説き、多様な信仰を生み、いろいろな浄土を説くと、人々はどの仏を目標にして、どの成仏の道を歩み、いかに信仰し、どのような浄土に往詣すればよい

のか迷い、成仏の可能性自体をも見失なってしまったからである。即ち、日蓮大聖人は、自他の成仏による救済を目的とされていたので、観念上多数にわたる仏たちを現実の釈迦一仏において統一し、成仏の道をも統一する必要があったのである。それゆえ、「成仏得道の教えとは唯法華経也。」（観心本尊抄得意抄　定遺一一二〇頁）とのごとく、能統一の法華経を自己の立教の依経とされたのである。したがって、日蓮大聖人の仏陀観の解明のためには、法華経寿量品における仏陀を明らかにしなければならない。

仏の弁証法

寿量品においては、歴史上の有始有終有限なる釈尊をテーゼとし、大乗仏教の宇宙に拡大し永遠のときを生きる救済者としての仏をアンチテーゼとして、ジンテーゼとしては、久遠本仏と応身仏としての釈尊との一体化が説かれている。即ち、

「汝等諦聴。如来秘密。神通之力。一切世間天人及阿修羅。皆謂今釈迦牟尼仏出釈氏宮。去伽耶城不遠坐於道場。得阿耨多羅三藐三菩提。然善男子。我実成仏已来。無量無辺。百千万億。那由他劫。」（大正新脩大蔵経　第九巻四二頁中）

有始有終の久遠仏

この久遠の仏は、「我実に成仏してより已来、無量無辺、百千万億、那由他劫なり。」と説かれているように、有始の始覚仏である。これは、成仏とは人間が仏に成るものであるという歴史上の釈尊の成仏の形式を久遠仏においても守ったからである。つまり、成仏という概念自体に始まりを内包しているから、ラジカルな意味での仏とは必ず有始であるともいえる。

そして、つづいて五百塵点劫の譬喩によって久遠実成を説いているが、それは限りなく無限に近い有限な数量を以て、久遠と無始を意識させるにとどまる。これも成仏の概念と永遠の概念とを矛盾させないためである。また、

「我本行菩薩道所成寿命。今猶未尽。復倍上数。」（大正新脩大蔵経　第九巻四二頁下）

と説かれるように久遠の寿命自体も修行によって得られたとしている。しかも、ここでは、「所成寿命。今猶未尽。」と述べているように、如来の寿命は限りないが有終を前提とする表現がされている。

以上のように、この法華経寿量品の仏は、その教相上は、有始・有終であり、それは、無限

に限りなく近い数量を以て、無限を表現しようとしたからでもある。その有限数を以て無限を表現しようとする意図は「我智力如是　慧光照無量　寿命無数劫　久修業所得」（大正新脩大蔵経　第九巻四三頁下）という自我偈の表現にも窺えよう。これは、サンスクリット語の梵文法華経 Saddharmapuṇḍarīka-sūtram（荻原雲来　土田勝弥編集）にも、

etādṛśṃ jñāna-balaṃ amêdaṃ prabhāsvaraṃ yasya kaś-cid antaḥ |
āyuś ca me dīgham ananta-kalpaṃ samupārjitaṃ pūrva caritva cyarām. ||18||

「余の智慧の力はこのように光り輝き、その際限はない。余の寿命もまた長く、無限のカルパのあいだ続く。世は前世の所行を果して、［この寿命を］得た。」（一八）

（岩波文庫　法華経下　岩本裕訳）

と同様に表現されている。

救済者としての仏

この寿量品の仏は、ほかの大乗の仏即ち阿弥陀仏等と同様に救済者としての仏として説かれている。すなわち、

「自我得仏来　所経諸劫数　無量百千万　億載阿僧祇　常説法教化　無数億衆生　令入於仏道　爾来無量劫」（大正新脩大蔵経　第九巻四三頁中）

「毎自作是念　以何令衆生　得入無上慧　速成就仏身」（大正新脩大蔵経　第九巻四四頁上）

と説かれているように、久遠の昔から人々を救ってきた救済者としての仏として描かれている。これにより、法華経は、釈尊の顕寿長遠した久遠仏に救済者としての仏の性格とともに、人間が修行してなれる仏としての基本的性格をもたせているのである。

仏陀の統一

法華経は、仏教における久遠本仏以外のほかの諸仏を、久遠仏が衆生を済度するため応現するものと説き、本仏以外にいろいろな仏があるのではなく、すべて、慈悲による本仏の現れとしている、即ち、

「諸善男子。於是中間。我説然灯仏等。又復言其。入於涅槃。如是皆以。方便分別。」（大正新脩大蔵経　第九巻四二頁中下）

このように、仏教の諸仏をこの寿量品の本仏の迹仏と考えている。また、これと同様の考えが、次のように「六或の法門」として説かれている。

「諸善男子。如来所演経典皆為度脱衆生。或説己身或説他身。或示己身或示他身。或示己事。或示他事。諸所言説皆実不虚。」（大正新脩大蔵経　第九巻四二頁下）

つまり、久遠の仏は、三世十方に身を現じ、衆生救済のため仏法を説くことを示している。

宇宙大の仏

またここで「我智力如是　慧光照無量」と説かれているように、久遠本仏の仏身は阿弥陀仏、毘盧遮那仏等と同様に宇宙法界に遍満し、宇宙大に拡大している。

以上、述べてきたように、法華経寿量品の仏は衆生の成仏を大切にするがゆえに、人間ゴータマが現実に成仏してなった仏、有限なる釈尊の原型を無限の時空に拡大投影した仏である。そのために、無限に限りなく近い有限な数量を以て無限を顕わした仏として表現されている。しかも、この宇宙大の久遠の仏と現実の釈尊との一体が説かれているのである。

天台大師の寿量品の仏

天台大師はこの寿量品の仏を法華文句のなかで、「通明三身正在報身」とし、三身相即の有始の報身とした。天台が寿量品の仏を有始の報身とした理由は、天台が、始覚を成仏の在り方として捉え、釈尊の成道の形式を遵守しようとしたからである。

日蓮大聖人の寿量品の仏

この寿量品の仏を日蓮大聖人はいかに把握されているか、以下に考察してみたい。日蓮大聖人は、天台大師の文句を引用して、寿量品の仏を仏陀の三身を現しているとして、次のように述べられている。

「天台智者大師の文句九に寿量品の心を釈し、『仏三世に於て等しく三身あり、諸教の中に於て之を秘して伝えず』とかゝれて候。此こそ即身成仏の明文にては候へ。」

（太田殿女房御返事　定遺一七五七頁）

したがって、宗祖の三身に対する見解をみてゆけば、宗祖の寿量品の仏に対する見解も明らかになるであろう。

「三身とは一法身如来、二報身如来、三応身如来なり。此三身如来をば一切の諸仏必ずあひぐ（具）す。譬えば月の体は法身、月の光は報身、月の影は応身にたとう。一の月に三のことわりあり。一仏に三身の徳まします。この五眼、三身の法門は法華経より外には全く候はず。故に天台大師の云『仏三世に於て等しく三身有り、諸教の中に於て之を秘して伝えず』云云。此釈の中に『諸教の中に於て』とかゝれて候は、華厳、方等、般若のみならず法華経より外の一切経なり。『之を秘して伝えず』とかゝれて候は、法華経の寿量品より外の一切教には教主釈尊秘て説給はずとなり。」

（四条金吾釈迦仏供養事　定遺一一八二―三頁）

この御書において宗祖は、一切の諸仏には必ず三身を有しているが、寿量品より以外の一切経には釈尊はこのことを説いていないとされている。即ち三身を有する具体的な歴史上の仏は、寿量品において発迹顕本された久遠実成の釈尊以外に仏教史上に登場したことはないのである。即ち、小乗仏教以来発達してきた仏身論の完成段階にある三身論を実証する仏は、寿量品の久遠本仏以外にない。宗祖が自ら作成された一代五時鶏図には仏身論の発展段階が非常に明確に示されている。

即ち、

劣応身釈迦如来——倶舎宗・成実宗・律　宗——本尊

盧舎那報身——華厳宗の本尊

釈迦如来（勝応身に当る）——法相宗の本尊

大日如来（法身は胎蔵界・報身は金剛界）——真言宗の本尊

阿弥陀仏（天台は応身〔劣応・勝応〕・善導等は報身）——浄土宗の本尊

五百問論に云く「若し父の寿の遠きを知らざれば復父統の邦に迷はん、徒らに才能と謂ふとも全く人の子に非ず」と。

三皇已前は父を知らず人皆禽獣に同じ。

- 天台宗の御本尊
  - 久遠実成実修実証の仏
    - 華厳のるさな、真言の大日等は皆此の仏の眷属たり。
  - 釈迦如来

- 始成の三身
  - 応身──有始有終
  - 報身──有始無終 ┐
  - 法身──無始無終 ┘──真言の大日等

- 久成の三身
  - 応身 ┐
  - 報身 ├──無始無終
  - 法身 ┘

（一代五時鶏図　定遺二三四一―二頁）

以上の図表から、大乗仏教の仏陀とその仏身の発展段階の頂点に、宗祖は寿量品の仏陀を位置づけ、この寿量品の発迹顕本の釈尊のみ法報応の三身とも無始無終の久成の三身とされた。この図表のなかで、三身を有するとされる真言の大日等の始成の三身は、その応身が歴史上の実在の仏ではなく、また法身のみの無始無終であり、久成の三身の前段階的な仏である。久成の三身の久遠の仏の出現によってのみ、時空間に永遠無限に拡大した仏が歴史上の現実の仏である釈尊に具足し、現実の生命を生きるのである。宗祖は、ここにおいても観念と現実の一致の観点より、寿量品の仏の構造を解釈されている。

ところで、先に「有始有終の久遠仏」の項目で述べた五百塵点の有限数量による表現から起こる、久遠本仏の教相上の有始有終の問題を宗祖は次のように述べられ、同時に大日経ならびに諸大乗経の仏の無始無終は法身の無始無終であり、三身の無始無終にあらざることを指摘されている。

「問て云く、若し爾らば五百塵点等は際限有れば有始有終なり。無始無終は際限無し。然れば則ち法華経は諸経に破せらるるか如何。答へて云く、他宗の人は此義を存ず。天台一宗に於て此義を会通する者有り難きなり。今大日経並に諸大乗経の無始無終は法身の無始無終なり。三身の無始無終にあらず。法華経の五百塵点は諸大乗経の破せざる伽耶の始成、之を破したる五百塵点なり。」（法華真言勝劣事　定遺三〇八頁）

即ち、五百塵点は釈尊の伽耶の始成を破するための数量であり、ほかの大乗経は応身仏の始成を破さないので、その応身は有始有終であり、したがってその報身は有始無終にとどまり、三身ともすべてが無始無終ということにはならないのである。

この寿量品の久遠の数量表現によって起こる久遠本仏の有始の問題について、宗祖は天台の言をかりて、法華経本門に随他の本門と随自の本門の二門があり、随他の本門においては、久遠本仏は教相上の文字通り、五百塵点の昔、釈尊が菩薩の行をして成仏したとし、随自本門においては、久遠本仏は真実無始の無作三身であり三千世間の総体であるとして、久遠の表現上の矛盾を解決されて、真実の仏身を説いておられる。

「又云く『後の十四品は正く如来久遠の成道を明す。地涌の菩薩涌出し先づ久成の相を顕して、寿量品に正く久遠の成道を説く』文。又云く『本門に於て亦二種有り、一には随他の本門、二には随自の本門なり。初に随他の本門とは五百塵点の本初の実成は正く本行菩薩道所修の行に由る。久遠を説くと雖も其時分を定め、遠本を明すと雖も因に由つて果を得るの義は始成の説に順ず。具に寿量品の中に説く所の五百塵点等の如し』文。又云く『次に随自本門真実の本とは、釈迦如来は是れ三千世間の総体、無始より来本来自証無作の三身、法法、皆具足して闕減有ること無し』。」
（今此三界合文　定遺二二九二頁）

またこの聖文では、久遠本仏を三千世間の総体と説かれ、宇宙法界そのものとお説きになられていることが非常に重要である。即ち、久遠本仏の仏身は大宇宙そのものとお説きになられているのである。また大宇宙そのものであるがゆえに、久遠本仏は無始なのである。しかるに、今日の宇宙理論のビッグバン理論によると宇宙創成が約一五〇億年とされているのも、五百塵点の表現による久遠本仏と比較して、興味のつきないものがある。

このように、久遠本仏が宇宙そのものであるとすると、ほかの諸仏は必然的に久遠本仏の分身の諸仏とならざるをえない。宇宙の総体そのものである釈尊のなかに他仏は存在しえないからである。

「今法華経は四十余年の諸経を一経に収めて、十方世界の三身円満の諸仏をあつめて釈迦一仏の分身の諸仏と談ずる故に、一仏一切仏にして妙法の二字に諸仏皆収れり。」
（唱法華題目抄　定遺二〇三頁）

この分身の諸仏の思想も、ビッグバン理論による宇宙大爆発と比較して考えると、原初において、久遠の釈尊が分身散体してその分身諸仏を生んだことになる。

以上の論理からいうと、我ら衆生も宇宙の総体そのものである久遠の釈尊を構成する一つひとつの構成分子であるので、我ら衆生は久遠本仏と一体である。即ち、

「右此品の肝要は釈尊の無作三身を明して弟子の三身を増進せしめんと欲す。今の疏に云く『今正しく本地三仏の功徳を詮量す。故に如来寿量品と言ふなり』已上文。此三身は無始本覚の三身なりと雖も、且く五百塵点劫の成仏を立つ。三身即三世常住なり。今弟子の始覚の三身も亦我が如く顕して三世常住の無作を成ずべきなり。次に此品の観心とは妙法一心の如来寿量品なるが故に我等凡夫の一念なり。一念は即ち如来久遠の本寿本地、無作の三身、本極法身の本因本果の如来なり。所居の土は常在霊山四土具足の本国土妙なり。又釈尊と我等とは本地一体不二の身なり。釈尊と法華経と我等との三は全体不思議の一法にして全く三の差別なきなり。」

（授職灌頂口伝抄　定遺八〇一頁）

と聖文にあるように、寿量品の観心の立場においては、我ら凡夫の一念と妙法一心の如来寿量品と如来久遠の本寿本地、無作の三身、本極法身の本因本果の如来とは一体である。即ち、釈

尊と法華経と我らとの三は全体不思議の一法で同体である。ここにおいて、寿量品の仏陀の構造のなかに、宗祖は我ら凡夫の成仏の構造を内包させて捉えられている。つまり、釈尊と我らが同体であることによって、我ら凡夫は寿量品の仏陀を成仏の目標として、成仏のときには、寿量品の仏陀、久遠本仏そのものとなる。換言すれば、我らと久遠本仏の無始以来の同体を悟るのである。それは聖文にあるように、弟子の始覚の三身も開顕して三世常住の無作を成ずることでもある。これは本覚無作三身の思想を演繹してえられる必然の結果である。

ここで、我ら凡夫と釈尊の一体が説かれたが、この観心から教相にもどれば、久遠の釈尊は、我ら凡夫にとって、主であり、師であり、親である。宗祖は、この主師親三徳を法報応の三身に配当しておられる。

法華経第二に云く
- 今此三界皆是我有―主、国王、世尊也
- 其中衆生悉是吾子―親父也
- 而今此処多諸患難
- 唯我一人能為救護
  ―導師

寿量品に云く「我亦為世父」文

主—国王—報身如来
師——————応身如来
親——————法身如来

（八宗違目抄　定遺五二五—六頁）

宗祖は凡夫と釈尊の一体を説くのと同時に、このように宇宙法界の階層構造、ヒエラルキーを重要視されたと考えられる。これは、宗祖が信による成仏、実践宗教の立場から、今まで述べてきた仏陀観をさらに捉え直しておられるので、本仏と我々の関係は、主師親三徳に対する従弟子という関係にもなるのである。

第三節　日蓮仏教における仏陀の構造（宇宙生命観）

前節「日蓮大聖人の寿量品の仏」で考察した久遠実成の釈尊・久遠本仏は、三身即一無始無終の久成の三身の仏であった。この仏は三千世間の総体であり、宇宙のすべてにより構成され、したがって、また十方世界の多くの分身諸仏により構成される。即ち、個人格の仏ではなく、総和の人格よりなる総合仏であった。

ここで、観心本尊抄は宗祖日蓮大聖人所立の日蓮仏教の中核をなす聖典であり、そのなかの四十五字法体段は、大乗所産の観念を悉く己心の三千具足の三種の世間に移しており、実は真実の仏陀と成仏の構造を説き明かしたご文章である。したがって、この節では、観心本尊抄の四十五字法体段を中心に、日蓮仏教における仏陀の構造を考察していきたい。

「今本時の娑婆世界は三災を離れ四劫を出でたる常住の浄土なり。仏既に過去にも滅せず未来にも生せず、所化以て同体なり。此れ即ち己心の三千具足の三種の世間なり。」

（観心本尊抄　定遺七一二頁）

このご聖文は次のように分けられる。即ち、

①『今本時の娑婆世界は三災を離れ四劫を出でたる常住の浄土なり』—浄土観

②『仏既に過去にも滅せず未来にも生せず』—仏陀観

③『所化以て同体なり』—成仏観

④『此れ即ち己心の三千具足の三種の世間なり』—教法観

これらの浄土観・仏陀観・成仏観・教法観が総合して、無作三身の本仏の全貌を表しているのであるが、今ここでは、その一つひとつについて考察を加えていきたい。

①『今本時の娑婆世界は三災を離れ四劫を出でたる常住の浄土なり』—浄土観

まず『今』とは、本覚の立場に立った現在を表す迷いの状態にあった時と区別し、この語が用いられている。即ち、信解脱境に立った現在と、過去の境界をわけている。日蓮仏教においては、「観念と現実の一致」の原理によって教学が展開され、そのすべてが現実に収束される。しかも、この四十五字法体段でこの「観念と現実の一致」の原理が打ち立てられたのである。したがって、この『今』は、現実を表すために用いられているといえる。なぜなら現実とは、我々一人ひとりの現在の己心に具足するものであるからである。即ち、過去の現実はもはや現実ではなく、未来の現実は未だ現実ではないからである。

『本時』とは教相上からは釈尊の久遠成道の時を示すが、この文は前段の観心勝の観点からの言でもあるから申すまでもなく『本有の覚体を証する時』を表している。それは、本覚即ち悟りの立場に立った時であり、凡夫の時間軸と異なる仏の立場に立った久遠の時で、凡夫の時空を超えた久遠の時と無限の空間、即ち高次元をさらに超え絶対次元の時空間を表す。したがって、『今本時の娑婆世界』とは、その次元から見た娑婆のことをいう。これが時に約し表現されているのは、いま現在の凡夫が本有の覚体を証する時という意味であり、成仏観を基調として四十五字法体が論じられているからそのような表現となった。

この本覚の立場に立った信解脱境においては、無常遷滅の穢土娑婆は、本有不変常住不滅の浄土の現象世界における表現となる。これは観念上ではなく体験的にうけとれる。悟りの境地に立つと本仏と同体の立場に立つから、無常遷滅に左右されず、娑婆の本体本質は常住の浄土と感得される。それはまた換言すると、現象世界の諸行無常は久遠本仏の立場から見ると永遠の生命をそのうちに保つための新陳代謝として捉えられるということである。つまり、娑婆世界と、密相の娑婆世界、即ち浄土及び本仏は、人間における肉体の新陳代謝と精神のごとき関係にあるということになる。つまり、本仏から孤立した関係にある娑婆世界上の凡夫の立場から捉えられる三災も四劫も、信解脱境に立ち本仏の目を通して見ると、新陳代謝となるのである。

その無苦安穏の世界観が『今本時の娑婆世界は三災を離れ四劫を出でたる常住の浄土なり』の聖意である。即ち、凡夫が娑婆世界を相対観をもって見るとき、諸行は無常である。が、しかし解脱境において、本仏の立場からそれをみると諸行無常は、本仏の永遠の相を現象世界に表現する手段なのである。したがって娑婆世界とは、密相の本体界の部分と現象界の部分とが一体となったものであり、それがそのまま本仏を構成しているといえる。

次に、日蓮仏教の仏陀と成仏の構造を解き明かす、中心部分について考察したい。

②『仏既に過去にも滅せず未来にも生せず』—仏陀観

③『所化以て同体なり』—成仏観

仏とは寿量本仏、所化とは九界の衆生が同体となり、不生不滅の仏の生死相を現じること。このような寿量本仏は永遠の万有の本体であるが、同時に無作三身の相を九界生死の上に顕現するものである。事の一念三千観とはそういう仏界を本地とする九界の認識である。

即ち、個々の衆生というような自己完結せる独立的実体性をもった生命単位は存在しえない。つまり、諸法無我ということである。無限の仏は、多なる生命単位として、九界・娑婆世界・宇宙空間に顕現している。すべては一なる寿量本仏の顕れである。そしてすべての生命と存在は相関係し合い、連鎖し、一なる生命体、本仏を構成する。つまり大宇宙は一つの生命体であり、それが本仏そのものである。

ではなぜ、本仏の顕れである我々衆生は成仏を目指すのか。換言すれば、進化と調和を目的とするのか。ここに深く思いをいたせば、祖文に「一念三千の仏と申は法界の成仏と云う事にて候ぞ。」（船守彌三郎許御書　定遺二九一頁）とあるように、大宇宙生命体である本仏自体がさらなる成仏と進化を目指しているということは自明の理であろう。実は本仏は自己の進化と調和のために、多として、我々衆生として顕現し修行しているのである。即ち一者ではできないほかとの競争によって、永遠なる者にはなかった限られたときと命に悲しみ、生老病死に苦悩することによって、進化が図られているのである。

寿量本仏の衆生救済は仏の自己救済である。本仏の慈悲は私たちの慈悲、私たちが慈愛を以て人を救うことは、自分が自分を愛すること。それは本仏が人々を愛することであり、自己を愛することである。私たちの目は本仏の目、私たちの耳は本仏の耳、私たちの鼻・舌・身体・心も本仏のもの、私たちの五官六根を通して心に感じたことは、すべての命に響きあい本仏の心に届き、すべての生き物の経験は本仏の経験となり、データとして蓄積される。個々の私たちの観念と現実の一致は統合され本仏の境地冥合の内的質量をたかめる。

無限なる仏は有限を展開し、無限に回帰する。永遠なる本仏は時空間を展開することによって有限なる時間を創出し、多なる衆生に大いなる経験を可能とするときを与えた。本仏も衆生とともに永遠を生き、進化を目指す。即ち『仏既に過去にも滅せず未来にも生せず、所化以て同体なり』である。

以上が、我々一切衆生の己心に具足する実在十界の身土であり、一念三千と三種の世間なのである。即ち、本仏の己心も、我々凡夫の己心、行者の一念と一つのものであり、それはまた、本国土とも同一体を成しているのである。換言すれば、久遠の仏陀とは教主釈尊のうえにのみ発迹顕本されるだけでなく、一切衆生のうえにも発迹顕本されるべきものであり、本覚無作三身の如来として、一切衆生の生命のなかに、人格の主体として霊在する尊厳であり、慈悲であり、聡明である。つまり、久遠本仏は教主一仏の内観ではなく、全人類の内観である。このような観を以て事の一念三千観とするのが、

④『此れ即ち己心の三千具足の三種の世間なり』――（教法観）

の聖意である。

髙佐師は、「己心の三千具足は無相霊在の本体界であり、その内容を具現する三種世間は、本覚仏の生命表現の世界観である」と述べ、三種の世間を三千具足と別に重ねてそれを挙げる理由について、「前者を無相神秘の体とし、後者を有相活現の用とする、いわゆる倶体倶用の談」（宗門改造九八号）と解釈している。

以上を久遠本仏の無作三身観から述べると、三種世間は無作の本仏の一身が、国土世間は法身、五蘊《うん》世間は報身、衆生世間は応身として顕現しているとみる義となる。

ここで仏界の己心と九界の衆生の己心は同体にして、事の一念三千の根幹である十界の久遠実在の仏を具足しているのであるから、この本仏の三身観を我々衆生の三身観として捉えなおし、宗祖は、

「此の法華経には我等が身をば法身如来、我等が心をば報身如来、我等がふるまひをば応身如来と説かれて候へば、此経の一句、一偈を持ち、信ずる人は皆此功徳をそなへ候。」
（妙法尼御前御返事　定遺一五二六頁）

「又法華経の即身成仏に二種あり、迹門は理具の即身成仏、本門は事の即身成仏也。今本門の即身成仏は当位即妙本有不改と断ずるなれば、肉身を其のまま本有無作の三身如来と云へる是也。此の法門は一代聖経の中に無之。文句に云く『諸経の中に於て之を秘して伝へず』等云云。」
（妙一女御返事　定遺一七九七頁）

とお述べになっている。

以上、みてきたように、日蓮聖人の仏陀の構造は、宇宙を仏としてみるものであり、その大

宇宙生命が現在の凡夫の己心に具足するとみる仏身観である。これを無作三身観からみると、大乗仏教において、宇宙大に拡大した永遠の仏が、歴史上現実に存在した釈尊即ち応身に約され、さらに、それらすべてを具足する現在時点の凡夫という応身に集約される構造となる。即ち御講聞書には、

「一　無作の応身我等凡夫なりと云う事

仰に云く、釈に云く、凡夫も亦以て、三身の本と為すことを得と。此の本の字は応身の事なり。されば、本地無作本覚の体は、無作の応身を以て本とせり。仍て我等凡夫なり。応身は物に応ふ身なり。其の上寿量品の題目を唱へ出だし奉るは、真実に応身如来の慈悲なり云云。」

（御講聞書　定遺二五八四頁）

とあり、本地無作本覚の体は、無作の応身を以て本とするのであるが、その無作の応身とは我ら凡夫なのである。

このように宇宙の総体である本仏が集約され、凡夫に具足される構造をとるのは、凡夫個人の成仏が仏教の第一義であるからである。なぜなら成仏とは、私ども個人個人において真実・価値を有する概念であり、自分が成仏することによってのみ全仏教が真実・生きた価値を有す

るからである。したがって、宇宙の総体が本仏である仏陀の構造において、衆生が成仏できるためには、必然的に衆生がその仏陀の一部でありつつ、仏の全体を具するという構造をさらにとらなければならないのである。これはまた、仏陀が無限の時間と空間に拡大すると、すべての存在は仏陀を構成する部分になってしまうという、本覚仏の構造からくる必然でもある。即ち、成仏が成立するためには、仏陀の構造即成仏の構造となるのである。

以上から、宇宙を総体とする本仏の構造とは、密相と顕相、実在と現象、永遠と今、無限と有限、精神と物質、悟りと迷い、仏と凡夫とを一如している。これを、現代科学の素粒子理論から会通するなら、存在のすべてである大宇宙たる本仏は、粒子の波動として一如しているということになるのである。即ち、現代科学において物質は、分子・原子・原子核・電子・陽子・中性子・中間子と細分化され、現在では物質の最小単位は、一九六九年アメリカのスタンフォード大学で行われた陽子の中に高エネルギーの電子を打ち込む実験により突き止められたクオークとされている。このクオークは無から生じ、また消滅しているようであるが、これらの素粒子は粒子であると同時に波動でもある。要するに、これらの素粒子から構成される物質は波動でもある。ここで精神もエネルギーとして波動であると考えられるから、大宇宙である本仏は、物質界と精神界を通して波動による連続体として一如しているのである。

第四節　本尊観

歴史上の現実の仏陀である釈尊の滅後、その代わりに登場した大乗仏教の仏たちは、観念上、救済力の強化のため宇宙大の仏身を得、永遠の生命を得た。この無限の仏たちは、法華経寿量品において、釈尊に約され現実の命を生きる宇宙大の仏となった。その寿量品の仏の真正の姿を宗祖は観心において捉え、寿量品文底の仏として観心本尊抄四十五字法体としてお説きになった。

この四十五字法体に説かれている大宇宙の総体であり、我々の己心に具足される本覚無作三身の如来、即ち一念三千の仏の全貌を図顕したのが大曼茶羅御本尊である。したがって、大曼茶羅御本尊は、法華経の教法観・仏陀観・成仏観・浄土観を一つにおさめ、また本門虚空会の儀相の構成を使い御本尊としたものである。そして、また一秘の題目のなかには、その大曼茶羅の全貌、大宇宙の仏が密在せられている。即ちそれが一念三千の仏種である。

大曼荼羅の顕す仏陀の全貌と構造

本門の本尊は文字式大曼荼羅によって表現される。絵画あるいは仏像式を用いないところに、日蓮大聖人の深い考慮が払われているのである。

「妙法蓮華経の御本尊供養候ぬ。此曼荼羅は文字は五字七字にて候へども、三世諸仏の御師、一切の女人の成仏の印文也。（中略）成仏得道の導師也。此大曼荼羅は仏滅後二千二百二十余年の間、一閻浮提の内には未だひろまらせ給はず。」

（妙法曼荼羅供養事　定遺六九八―九頁）

曼荼羅即御本尊である。中央の五字七字が曼荼羅、本仏であり、諸法実相抄には、

「されば釈迦、多宝の二仏と云ふも用の仏なり。妙法蓮華経こそ本仏にてはおはし候へ。経に云く『如来秘密神通之力』是れなり。」

（諸法実相抄　定遺七二四頁）

妙法蓮華経こそ本仏であると説かれている。

この妙法蓮華経の本仏は、十界に分身散体し、浄土を展開している。

「経に云く『諸法実相』是也。妙楽云く『実相は必ず諸法、諸法は必ず十如、乃至十界は必ず身土』云云。又云く『実相の深理、本有の妙法蓮華経』等云云。伝教大師云く『一念

三千即自受用身、自受用身とは出尊形の仏なり』文。此故に未曽有の大曼荼羅とは名付奉るなり。仏滅後二千二百二十余年には、此御本尊いまだ出現し給はずと云ふ事也。」

（日女御前御返事　定遺一三七六頁）

即ち、大宇宙法界三千の仏は十界を以て表顕されている。つまり、宇宙の真相は十界を身土とする仏である。またこれが本有の妙法蓮華経でもあり、一念三千即自受用身の出尊形の仏なのである。

そして、その総和の仏の全体はさらに、我ら法華経の行者の己心に具足しているのである。

即ち、大聖人は、

「此の御本尊全く余所に求むる事なかれ。只だ我等衆生、法華経を持ちて、南無妙法蓮華経と唱うる胸中の肉団におはしますなり。是れを九識心王・真如の都とは申す也。」

（日女御前御返事　定遺一三七六頁）

と仰せになられている。また御義口伝に、

「総じては如来とは一切衆生なり。別しては日蓮の弟子檀那なり。されば無作の三身とは、末法の法華経の行者なり。無作の三身の宝号を南無妙法蓮華経と云ふなり。」

（御義口伝　定遺二六六二頁）

とあるように、妙法蓮華経を信唱受持する法華経の行者は、南無妙法蓮華経と書き顕されて、大曼荼羅の中尊に位置して、大曼荼羅御本尊の全体を具足するのである。その寿量本仏の全貌を図顕されたのが大曼荼羅御本尊である。

ここで、総和の仏である大曼荼羅をマクロコスモス（大宇宙）とするなら妙法受持の行者はミクロコスモス（小宇宙）である。曼荼羅の構造からいうとマクロコスモスはミクロコスモスにより構成され、ミクロコスモスはマクロコスモスを具足している。この二つのコスモスは相似している。この cosmos とはコスモスの花のように、整然たる秩序により成り立つ調和をも意味する。大曼荼羅においては中尊に位置する南無妙法蓮華経の教法による秩序によって全体が調和される。即ち、

「此等の仏、菩薩、大聖等、総じて序品列坐の二界八番の雑衆等、一人ももれず此御本尊の中に住し給ひ、妙法五字の光明にてらされて本有の尊形となる、是を本尊とは申す也。」

（日女御前御返事　定遺一三七五頁）

大曼荼羅御本尊が文字式である理由

このように形なき妙法蓮華経の本仏と、それが展開する一念三千の総和の仏である大宇宙本仏、さらにその全体が南無妙法蓮華経として法華経の行者の己心に具足している姿と理念・システムを表示しているので、文字式による大曼荼羅の表現が最良の方法であるといえる。

曼荼羅の様相

この大曼荼羅は、法華経本門の虚空会の儀相をそのまま引き写して、時間的には久遠無始無終と三身常住を説き明かし、空間的には十方分身、十界皆成の総和の仏を表現したものである。即ち、

「爰に日蓮いかなる不思議にてや候らん。龍樹、天親等、天台、妙楽等だにも顕し給はざる大曼荼羅を、末法二百余年の比、はじめて法華弘通のはた(旗)じるしとして顕し奉るなり。是全く日蓮が自作にあらず、多宝塔中大牟尼世尊、分身の諸仏すりかたぎ(摺形木)たる本尊也。」

(日女御前御返事　定遺一三七五頁)

「其の本尊の体たらく、本師の娑婆の上に、宝塔空に居し、塔の妙法蓮華経の左右に、釈

迦牟尼仏、多宝仏。釈尊の脇士たる上行等の四菩薩。文殊、弥勒等は四菩薩の眷属として末座に居し、迹化他方の大小の諸菩薩は、万民の大地に処して雲閣月卿を見るが如し。十方の諸仏は大地の上に処したまふ。迹仏迹土を表する故なり。是の如き本尊は、在世五十余年にこれ無し、八年の間にも但だ八品に限る。」　（観心本尊抄　定遺七一二頁）

とご聖文にあるとおり、宗祖の内観においては、寿量本仏の広博身は十界皆成の大曼荼羅列座の諸尊に依って書き顕せられているのである。

曼荼羅の原理　事の一念三千

ここで、大曼荼羅御本尊を構成する原理について述べるとそれは事の一念三千である。大曼荼羅御本尊が顕す一念三千法体について撰時抄には「一念三千は九界即仏界、仏界即九界と談ず」（定遺一〇〇三頁）と述べられている。これは、開目抄には、

「本門にいたりて始成正覚をやぶれば、四教の果をやぶる。四教の果をやぶれば、四教の因やぶれぬ。爾前迹門の十界を打ちやぶ（破）て、本門十界の因果をとき顕はす。此れ即ち本因本果の法門なり。九界も無始の仏界に具し、仏界も無始の九界に備りて、真の十界

互具、百界千如、一念三千なるべし。」（開目抄　定遺五五二頁）

と述べられ、本門の一念三千によると、大曼荼羅御本尊という一念三千法体の仏の仏界には九界を具していることになる。これを大曼荼羅の構造にみると、

「爰に日蓮いかなる不思議にてや候らん。龍樹、天親等、天台、妙楽等だにも顕し給はざる大曼荼羅を、末法二百余年の比、はじめて法華弘通のはたじるしとして顕し奉るなり。是全く日蓮が自作にあらず、多宝塔中大牟尼世尊、分身の諸仏すりかたぎ（摺形木）たる本尊也。されば首題の五字は中央にかかり、四大天王は宝塔の四方に坐し、釈迦、多宝、本化の四菩薩肩を並べ、普賢、文殊等、舎利弗、目連等坐を屈し、日天、月天、第六天の魔王、龍王、阿修羅、其外不動、愛染は南北の二方に陣を取り、悪逆の達多、愚痴の龍女一座をはり、三千世界の人の寿命を奪ふ悪鬼たる鬼子母神、十羅刹女等、加之日本国の守護神たる天照太神、八幡大菩薩、天神七代、地神五代の神神、総じて大小の神祇等、体の神つらなる。其余の用の神豈もるべきや。宝塔品に云く『接諸大衆皆在虚空』云云。此等の仏、菩薩、大聖等、総じて序品列坐の二界八番の雑衆等、一人ももれず此御本尊の中に住し給ひ、妙法五字の光明にてらされて本有の尊形となる、是を本尊とは申す也。」

（日女御前御返事　定遺一三七五頁）

と日女御前御返事にあるように、それぞれの世界を代表する菩薩・神々・人物等によって顕される九界を大曼荼羅が具していることを確認できるのである。草木成仏口決には、一念三千が大曼荼羅の原理であることを次のように述べている。

「一念三千の法門をぶりすすぎ（振濯）たてたるは大曼荼羅なり。当世の習ひそこないの学者、ゆめにもしらざる法門なり。天台、妙楽、伝教内にはかがみ（鑑）させ給へども、ひろめ給はず。一色一香とののし（罵）り、惑耳驚心とささやき給ひて、妙法蓮華経と云ふべきを円頓止観とかへさせ給ひき。」

（草木成仏口決　定遺五三四頁）

即ち、天台大師一念三千の法門のエッセンスを抽出し、「観念と現実の一致の原理」により現実化した、寿量品文底秘沈の事の一念三千の仏を顕わしたのが大曼荼羅である。したがって大曼荼羅の原理は一念三千なのである。

大曼荼羅の目的である成仏については次章、日蓮仏教の成仏の構造において述べる。

第三章　日蓮仏教の成仏の構造

第一節　大曼荼羅の成仏の構造システム

成仏とは仏になることであるから、目標となる仏陀観が変われば成仏観が変わる。大乗の始成正覚の仏を目標とする成仏は歴行修行積功累徳の後の八相成道である。しかし、このような成仏は、歴史的にも釈迦一仏に限られ不可能といえる。この不可能を可能にしたのが、日蓮大聖人の仏教である。即ち、四十五字法体に説かれている大宇宙の総体であり、我々の己心に具足される寿量品文底の本覚無作三身の如来、一念三千の仏を成仏の目標とすることにより、成仏を可能にしたのである。つまり九界の衆生は無始の仏界に具わり、我らもまた久遠本仏の無量寿の表現であるとする本覚門に信を立てるから、成仏が私たちにも可能となったのである。この久遠本仏の全貌を図顕したのが大曼荼羅御本尊である。

以上から、大曼荼羅御本尊は我らの成仏の目標であるが、同時にそれは、我ら衆生の成仏を目的とするところの成仏のシステムを構造とする本仏の図顕であるといえよう。したがって、仏陀の構造はそのまま成仏の構造となるのである。

それではここで、大曼荼羅御本尊の衆生の成仏の構造システムをマクロの成仏と、ミクロの成仏の二つの立場から考察してみたい。まず、マクロコスモスである大曼荼羅自体の成仏を考えると、これは仏界のなかに具している九界の一つひとつが妙法蓮華経の教えによって成仏すると、それらを具しているマクロコスモスである大曼荼羅自体が成仏進化する。

「此等の仏、菩薩、大聖等、総じて序品列坐の二界八番の雑衆等、一人ももれず此御本尊の中に住し給ひ、妙法五字の光明にてらされて本有の尊形となる、是を本尊とは申す也。」

（日女御前御返事　定遺一三七五頁）

即ち、マクロコスモスを構成するミクロコスモスの一つひとつが成仏し異体同心することにより、総和の仏が全体成仏するシステムとなっているのである。即ち聖文には次のように説かれている。

「一念三千の仏と申は法界の成仏と云ふ事にて候ぞ。」

（船守弥三郎許御書　定遺二三一頁）

このように、法界というマクロコスモスの成仏という概念が祖文にあるということが確認できる。

ところで、この異体同心、総和の成仏は、原始仏教における未来仏マイトレーヤが友情の仏であったことに、その友情という意味において一致していることに刮目すべきであろう。そこで、真の意味での未来仏とは総和の仏が相応しいのではないだろうか。またこの全体成仏のシステムは、ビッグバンのごとく分身散体した仏の一人ひとりの分身が成仏し、また相互に関わりあうことにより進化し、そして異体同心することにより法界全体がより進化し、成仏する仕組みとなっているのである。

次に、ミクロコスモスの成仏について考察すると、まず上記のように、大曼荼羅の中尊に位置する妙法五字の光明に照らされてミクロコスモスの一つひとつが本有の尊形となる。即ち成仏するという成仏のシステムが挙げられる。

そして、一番大切な、我ら個人個人の成仏について考察したい。まず我ら法華経の行者が妙法蓮華経を信唱受持し南無妙法蓮華経と唱えるとき、大曼荼羅御本尊を己心に具足するものと悟り成仏する。即ち、

「此の御本尊全く余所に求むる事なかれ。只だ我等衆生、法華経を持ちて、南無妙法蓮華

経と唱うる胸中の肉団におはしますなり。是れを九識心王・真如の都とは申すなり。」

（日女御前御返事　定遺一三七六頁）

つぎに逆に、我ら法華経の行者が大曼荼羅御本尊に入って成仏する成仏のシステムがある。

即ち、

「此御本尊も只信心の二字にをさまれり、以信得入とは是也。日蓮が弟子檀那等〈正直捨方便不受余経一偈〉と無二に信ずる故によて、此御本尊の宝塔の中へ入るべきなり。たのもし、たのもし。如何にも後生をたしな（嗜）み給ふべし、たしなみ給ふべし。穴賢。南無妙法蓮華経とばかり唱へて仏になるべき事尤も大切也。信心の厚薄によるべきなり。仏法の根本は信を以て源とす。」

（日女御前御返事　定遺一三七六頁）

「総じては如来とは一切衆生なり。別しては日蓮の弟子檀那なり。されば無作の三身とは、末法の法華経の行者なり。無作の三身の宝号を南無妙法蓮華経と云ふなり。」

（御義口伝　定遺二六六二頁）

と聖文にあるように、妙法蓮華経を信唱受持する法華経の行者は、南無妙法蓮華経と書き顕されて、大曼荼羅の中尊の宝塔のなかに入曼荼羅して、大曼荼羅御本尊の全体を具足し成仏する。

これらの成仏は法華経の行者を智慧として大曼荼羅を境とする境智冥合による即身成仏である。

以上から、マクロコスモス全体が成仏すると、それら十界はミクロコスモスの一念に具足する三千であるから、それぞれのミクロコスモスの潜在意識界が成仏することになる。即ち、個人の成仏は全体の成仏につながり、全体の成仏なくしては個人の成仏が成立しえないというシステムに大曼荼羅宇宙はなっているのである。ここに大乗菩薩道の原理をみることができるのである。

第二節　本覚成仏

日蓮仏教の成仏の構造を解明する前提として、前章までに、小乗仏教から大乗仏教そして法華経寿量品、そして日蓮仏教における仏陀の構造と仏陀観の変遷を考察してきた。

前章にみたように、日蓮聖人の仏陀観は本覚無作三身の仏であり、それは、十界・三千世間の総体、つまり宇宙を仏としてみるものである。また、それは観心本尊抄四十五字法体段に説かれる一念三千の仏であるから、その大宇宙生命が現在の凡夫の己心に具足するとみる仏身観である。即ち、その仏陀の構造は、大乗仏教において宇宙大に拡大した永遠の仏が、歴史上現実に存在した釈尊、即ち応身に約され、さらに、それらすべてを具足する現在時点の凡夫に集約されるという構造であった。

このように、宇宙大の仏が衆生に具足されるのは、宗祖が仏陀を現実の衆生の成仏の観点から捉え直されたからである。またこれは、仏陀が無限の時間と空間に拡大すると、我々を含めすべての存在は仏陀を構成する部分になってしまうから、このような大宇宙が仏であるという前提で、衆生の成仏を考えるときは、衆生に具足する大宇宙の仏という構造で本仏を捉え直す以外に衆生の成仏は成立しえないからでもある。

このように、仏陀観が宇宙大となると、衆生の成仏は必然的に本覚成仏となる。即ち、成仏が成立するためには、仏陀の構造即成仏の構造となるほかはない。即ち、

「一　無作の応身我等凡夫なりと云ふ事

仰に云く、釈に云く、凡夫も亦以て、三身の本と為すことを得と。此の本の字は応身の事なり。されば、本地無作本覚の体は、無作の応身を以て本とせり。仍て我等凡夫なり。応身は物に応ふ身なり。其の上寿量品の題目を唱へ出だし奉るは、真実に応身如来の慈悲なり云云。」

（御講聞書　定遺二五八四頁）

と聖文では、本覚無作三身の仏は、応身である我ら凡夫が本であるとしている。さらに、宗祖は次のようにお説きになり、

「法華経の行者は久遠長寿の如来なり。」（四条金吾殿御書　定遺八九四頁）

「多宝如来の宝塔を供養し給ふかとおもへばさにてはず我身を供養し給。我身又三身即一の本覚の如来なり。」（阿仏房御書　定遺二四四頁）

我ら法華経の行者は、本覚仏そのものであるとしている。このように日蓮仏教においては、構造的には、衆生は既に仏なのである。すなわち、日蓮仏教の特質はこのような、仏・衆生・世間等に対する正確な構造的把握と現実的理解にあるといえよう。

しかるに、自己が本来仏であることを頭で理解しても、それだけでは現実には凡夫は凡夫のままである。お題目の信唱受持によってのみ、私たちは、初めて本覚成仏しているといえるのである。

本覚成仏は、一念三千の法門から必然的にたどりつく中古天台の思想であるといえる。しかし、単なる本覚思想は、仏陀観としては成立するものの成仏観としては成立しない。これを成仏観として現実に生きたものにするのが、日蓮仏教の成仏観である。

第三節　信唱受持の成仏

理論的には、本覚仏である私たちは、現実においては凡夫のままである。これは、未だ私たちは成仏していないということである。即ち、私たちは本仏に倶体してはいるのであるが、本仏の仏用を倶していないのである。ここで私たちは、「観念と現実の一致」の要請から仏用を起こし、つまり仏の働きをして、倶用しなければ成仏したことにならない。そこで、私たちに自分が本覚仏であると悟らしめ、その自覚を起こさせる行法が必要となる。それが一大秘法たる妙法五字の信唱受持である。これによって、観念上の本覚無作三身仏の真の具現、つまり「観念と現実の一致」が真に達成されるのである。即ちこれが倶体倶用の成仏である。

「正直に方便を捨てゝ但法華経を信じ、南無妙法蓮華経と唱ふる人は煩悩、業、苦の三道、法身、般若、解脱の三徳と転じて、三観、三諦即一心に顕れ、其の人の所住之処は常寂光土なり。能居、所居、身土、色心、倶体倶用、無作三身の本門寿量の当体蓮華の仏とは日蓮が弟子檀那等の中の事なり。」

（当体義抄　定遺七五九―七六〇頁）

と聖文にあるとおりである。

一大秘法

一大秘法即ち妙法蓮華経の五字とは、法華経の仏陀観・成仏観・浄土観を一つにおさめた大曼荼羅の全貌、寿量仏を密在する一念三千の仏種である。聖文では、

「妙法蓮華経の御本尊供養候ぬ。此曼陀羅は、文字は五字七字にて候へども、三世諸仏の御師、一切の女人の成仏の印文也。」（妙法曼陀羅供養事　定遺六九八頁）

と五字七字即曼荼羅であると説かれている。

また諸法実相抄には、

「されば釈迦、多宝の二仏と云ふも用の仏なり。妙法蓮華経こそ本仏にてはおはし候へ。経に云く『如来秘密神通之力』是れなり。」（諸法実相抄　定遺七二九頁）

と妙法蓮華経こそ本仏であるとしている。

そしてこの妙法蓮華経五字は、次の聖文のごとく一念三千の仏種なのである。

「本門を以て之を論ずれば、一向に末法の初めを以て正機と為す。所謂一往之を見る時は、久種を以て下種と為し、大通前四味迹門を熟と為して、本門に至って等妙に登らしむ。再

往之を見れば、迹門には似ず、本門は序正流通倶に末法の初めを以て詮と為す。在世の本門と末法の初めは一同に純円なり。但し彼れは脱、此れは種なり。彼れは一品二半、此れは但だ題目の五字なり。」

（観心本尊抄　定遺七一五頁）

妙法蓮華経の五字仏種の信唱受持の即身成仏は初信の一念信に六即を含み名字即において成立する。即ち名字即は信の位であり、聖文には次のごとく述べられている。

「一念信解の信の一字は、一切の智慧を受得する所の因種なり。信の一字は名字即の位なり。」

（御義口伝　定遺二六七二頁）

そして、名字即において即身成仏することをまた、次のごとく述べられている。

「十法界の依報、正報は法身の仏一体三身の徳なりと知って、一切の法は皆是仏法となりと通達し解了する、是を名字即と為く、名字即の位より即身成仏す。故に円頓の教には次位の次第なし。」

（三世諸仏総勘文教相廃立　定遺一六九五頁）

つまり、自己および十界の生物非生物、すべての存在は法身の仏の体に具する三身の徳用でありと知り、一切の法は皆是仏法となりと信解する名字即の位において、法華経の信者は成仏するのである。つまり法華経の信者は本覚仏、即ち宇宙の仏の構造を知り、それを五字仏種として信唱受持することにより成仏するのである。

そして、名字即は信の位であるから、その解脱は以信代慧の信解脱である。即ち、次の聖文のごとくである。

「所謂五品の初、二、三品には仏正く戒定の二法を制止して一向に慧の一分に限る。慧に又堪えざれば信を以て慧に代ふ、信の一字を詮と為す。不信は一闡提謗法の因、信は慧の因、名字即の位なり。」

（四信五品抄　定遺一二九六頁）

ここで、現代生物学による会通を試みると、遺伝子の本体はＤＮＡ（デオキシリボ核酸）とされ、その分子構造のなかに遺伝的形質を支配する情報を含んでいる。ヒトの受精卵はＤＮＡ中の塩基の配列による情報にしたがって、ヒトへと発生していく。妙法五字の仏の遺伝子は、その宇宙の仏の構造を遺伝情報としてそのなかに含み、信唱受持によって、法華経の行者の心田に下されるとき、下種即脱して行者は即身成仏するのである。即ち、

「本門の肝心寿量品の南無妙法蓮華経を以て下種と為す。」

（教行証御書　定遺一四七九頁）

と、聖文にあるように、五字が仏の遺伝子を持つ仏種であり、南無妙法蓮華経が下種である。

このときに観心本尊抄に、

「釈尊の因行果徳の二法は南無妙法蓮華経の五字に具足す。我等此の五字を受持すれば自然に彼の因果の功徳を譲り与へたまふ。（中略）釈迦、多宝、十方の諸仏は我が仏界なり。其跡を紹継して其の功徳を受得す。」（観心本尊抄　定遺七一一―二頁）

とあるように、我ら衆生は本覚の釈迦仏の仏位を相続し、即身成仏するのである。

ま と め

宗祖は、観念的に拡大した大乗仏教の救済者としての仏陀を、成仏の目標として捉え直された。即ち、宇宙大に拡大した仏身は、法華経寿量品において歴史上の釈尊に具足するものとされ、史上の釈尊にまで現実化されたが、宗祖はそれを我ら凡夫に具足するものとして、さらに我ら凡夫の現実の次元にまで一致せしめ、我々の成仏の目標として可能性のあるものとされた。その思想の端的な表明が観心本尊抄四十五字法体段である。つまり、宗祖は仏教史上において発展した大宇宙自体を仏身の構造として持つ仏陀観を、我々凡夫の成仏という観点から捉え直し、大宇宙の仏を我ら凡夫の己心に具足するものとされた。したがって、仏陀の構造は成仏の構造でもあり、私たちがお題目の信唱受持によって成仏するとき、私たちは大宇宙の本仏との一体を悟るのであるが、それは、とりもなおさず大宇宙の本仏の自己成仏となるのである。

つまり、日蓮仏教の本質とは仏陀観・成仏観の構造的把握にある。即ち、仏陀観とは宇宙生命の構造論であり、成仏観とはそれを自己の成仏の観点から見直すことである。

参考文献

立正大学日蓮教学研究所編『昭和定本日蓮聖人遺文』本文中（定遺）と略記

日蓮宗霊断師会『日蓮聖人御遺文全集』行道文庫

日蓮宗霊断師会『新日蓮教学概論』行道文庫

髙佐日煌上人『宗門改造』行道文庫

日蓮宗霊断師会論文集『行道』行道文庫

日蓮宗霊断師会『日蓮宗霊断師会学術講習摘録』行道文庫

『論叢　行道』第二号（平成八年十二月）行道文庫

『論叢　行道』第三号（平成十年三月）行道文庫
荻原雲来編『梵和大辞典』鈴木学術財団
松岡正剛等編集『全宇宙誌』工作舎
立正大学日蓮教学研究所『日蓮聖人遺文辞典』歴史篇　身延山久遠寺
日蓮宗事典刊行委員会『日蓮宗事典』東京堂出版
『imidas』集英社
宇井伯壽『仏教汎論』岩波書店
中村　元『佛教語大辞典』東京書籍
望月信亨『望月仏教大辞典』世界聖典刊行協会
増谷文雄『智慧と慈悲』（ブッダ）「仏教の思想第一巻」角川書店
河村孝照『法華経概説』国書刊行会
田中応舟『日蓮聖人遺文講座　第七巻　観心本尊抄』斯人会出版部
宮崎英修『日蓮辞典』東京堂出版
坂本幸男『仏教―論理と実践』（坂本幸男論文集第三）大東出版社

坂本幸男『大乗仏教の研究』（坂本幸男論文集第二）大東出版社
中村　元『ゴータマ・ブッダ』春秋社
勝呂信静『大乗仏教』（アジア仏教史・インド編三）佼成出版社
勝呂信静『法華経講義』さだるま新書　日蓮宗新聞社
蓮尾聖鳳『在家が観た日蓮仏教の一秘と三秘』
三枝充悳『インド仏教思想史』レグルス文庫
MACDONELL『SANSKRIT DICTIONARY』
C・G・ユング『個性化と曼荼羅』みすず書房

三　本門の戒壇、その現代的意義

序

仏教の目的は成仏による人類救済にあり、日蓮大聖人の仏教もまた同様である。「我不愛身命の法門なれば捨命、此法華経を弘めて日本国の衆生を成仏せしめん。」（波木井殿御書　定遺一九二六頁）

その成仏得脱のための行法は、原始仏教においては三学であったが、日蓮大聖人においては三大秘法である。この三大秘法は、教主大覚世尊より日蓮大聖人が霊山浄土において直接相承された成仏のための行法であると御義口伝に記述されている。

「御義口伝に云く此の本尊の依文とは、如来秘密神通之力の文なり。戒定慧の三学は、寿量品の事の三大秘法是なり。日蓮慥に霊山に於て面授口決するなり。本尊とは法華経の行者の一身の当体なり云云。」（御義口伝　定遺二六七一頁）

本門の戒壇は、本門の題目・本門の本尊とともに三大秘法の行法で、日蓮仏教の根幹の行門である。しかし、大聖人在世にあって建立されることなく、その願いを後世の門下に託されたのであるが、文献が乏しく、等閑に付されてきた。しかし、いかに祖文・祖義が乏しくとも、弟子門下は戒壇建立の努力をすべきであって、この行法門を欠いては、真の大聖人の宗教は成立しない。したがって、戒壇の教義教学の会通なくして、三秘具足の正信は真の意味で成立しない。本論文においては長らく等閑に付されていた事の戒壇の現代的意義について考察したい。即ち日蓮仏教による人類救済において、現実の本門の戒壇建立が必要不可欠な必然的なものであることを論証し、かつその現代的意義を考察したい。

戒壇の意義

戒壇とは、受戒作法の道場をさす。すなわち、戒壇とは受戒のための特定の壇で、そこで儀式が行なわれるものである。

「戒律を授けるための壇。戒律を受ける儀式が行われるために設けられた特定の壇をいう。戒律を授ける式場。」

（中村元『佛教語大辞典』参照）

また戒壇の壇の義は、サンスクリットの maṇḍala 曼荼羅の漢訳の一つ。古代インドで修法を行うとき魔の進入を防御するために円形・方形の図形の区域を作ったことに始まる。のちにさまざまな内容の意味を含むようになり、輪円具足などの訳がみられる。密教では修法の際に仏像または仏を表示する塔などを安置し、供物や法具を配備する壇をさす。元来インド・チベットでは土壇が用いられたが、中国・日本では半永久的な木壇が普通となった。修法の目的にしたがって、一般的な本尊の壇としての大壇、護摩を焚くための護摩壇、灌頂のための灌頂壇、三昧耶戒壇、そのほか聖天壇、神供壇などがある。形状は原則的に方・円・蓮華・三角などの種類があるが、方形壇が一般的である。以上から、戒壇とは受戒のための曼荼羅ともいえる。

（『日蓮聖人大辞典』国書刊行会参照）

戒壇は、また主として出家のための受戒の壇場の意で、戒を授けるために戒場中において別に土を封じて壇となすものをいう。つまり戒法を授ける特定の式場である。ただし、往古は別の壇所でなく露地で行っていたようで、四分律行事抄資持記巻上二之一に「戒壇とは謂はく場中に於いて別に更に土を封ず。若し初開によらば未だ必ずしも壇あらず。所以に律の中、通に約し本に従って但だ場と言ふのみ」とある。

第一章　戒壇史

(一) インド

原始仏教における戒壇の起こりは、釈尊成道十年、マガダ国の弗迦沙王のため法を説き、楼至菩薩の誓願により祇園精舎の外院の東南に戒壇を建立したのが初めとされる。

「仏祇園の東南に戒壇を建立せしむ。戒壇は、地より立つ三重を相となしもって三空を表す。帝釈また覆釜を加えもって舎利を覆い、大梵王無価の宝珠をもって釜上に置覆す。」

(仏祖統紀巻三)

またこの祇園精舎には三壇があり、一壇は仏院にありただ仏の登るところで諸仏を集め僧尼の結戒を論じ、一壇は僧院にあって受具者のためであった。また、那爛陀寺の戒壇は根本殿の西畔にあり、方大尺一丈余、高二尺、坐基は高五寸であった。道宣律師の『三宝感通録』によると、戒壇は釈尊在世からあったとされている。

(二) 中　国

中国では、嘉平正元（二四九―二五五）のころ洛陽に作られたと伝えられている。道宣の律宗興隆以来、各地に作られ、三百余所とも伝えられる（道宣律師感通録）。道宣はかつて浄業寺において石戒壇を建てたが、晩年にいたり自ら土を負い律に準じてこれを改築した。さらに唐代宗永泰元年（七六五）三月二十八日、大興善寺に勅して方等戒壇が建てられた。戒法は諸律によるが、受者に大心を発せさせるもので、中国では大小乗その壇を異にしていた。

これによって、釈尊の時代から戒壇が成仏得脱のために不可欠のものとされていたことがわかる。

(三) 日　本

日本における戒壇史をみると、天平年間から戒壇建立がなされていた。即ち、我が国においては、鑑真の来朝により、天平勝宝六年（七五四）、東大寺大仏殿前に戒壇を立て、天皇皇后以下、鑑真について戒を受けたのを始めとする。翌天平勝宝七年、別にまた、大仏殿の西南に戒壇院を建てた。ついで天平宝字三年、唐招提寺に戒壇を築き、同五年には下野薬師寺及び筑紫観世音寺に各戒壇院を建て、東海道足柄坂以東並びに東山道信濃坂以東は薬師寺において、西海道は観世音寺において、中国地方は東大寺において、各受戒せしめることとなった。いわゆる天下の三戒壇である。これらの戒壇は、道宣の戒壇図経によってその規模を製したという。

伝教大師は、西国の観音寺の戒壇・東国下野の小野寺の戒壇・中国大和の国の東大寺の戒壇は同じく小乗臭糞の戒であり、瓦や石のようなものであり、それを持つ法師等は狐や猿のようなものであると非難した。そして、伝教大師は天台法華宗の立場から、円頓戒を授けるための円頓戒壇の建立を発願し、南都六宗からの執拗な抵抗を排除して、弘仁十三年（八二二）戒壇別立の勅許を得たのである。宗祖は、南都六宗からの伝教大師に対する非難中傷を、次のように述べられている。

「日本国には伝教大師が、仏滅後一千八百年にあたりていでさせ給ひ、天台の御釈を見て欽明より已来、二百六十余年が間の六宗をせめ給ひしかば、在世の外道、漢土の道士、日本に出現せりと謗ぜし上、仏滅後一千八百年が間、月支、漢土、日本になかりし円頓の大戒を立てんというのみならず、西国の観音寺の戒壇、東国下野の小野寺の戒壇、中国大和の国東大寺の戒壇は、同く小乗臭糞の戒なり。瓦石のごとし。其を持つ法師等は野干猿猴等のごとしとありしかば、あら不思議や、法師ににたる大蝗虫国に出現せり、仏教の苗一時にうせなん。」

（報恩抄　定遺一二四七頁）

平安の初め、最澄は顕戒論を著わして大乗戒を主唱し、比叡山に円戒を受けるための円頓戒壇を設立せんとして公許を奏請すること度々であったが、南都の抗訴にあって果たすことができなかった。しかし遷化後七日に初めて勅許を得、弘仁十三年（八二二）に円頓戒壇の夢は叶ったのである。

ついで義真は一乗止観院において授戒を行い、天長五年初めて戒壇堂を比叡山に建てた。これが一乗戒壇院である（『望月仏教大辞典』参照）。戒壇は、勅許による出家資格取得の場であった。かつて戒壇なくしては、正式の出家者を出すことができず、国家公認の僧となるには下野薬師寺・筑紫観世音寺・東大寺戒壇院のいずれかにおいて、教理的に劣る四分律に基づく小乗戒を受けねばならなかった。円頓戒壇勅許の意義は、教えにおいて優れる天台法華宗がその事相においても、南都諸宗からの独立とその優位を顕すことにあった。このあたりの事情につい

て大聖人は、

「伝教大師は日本国の士なり、桓武の御宇に出世して欽明より二百余年が間の邪気をなんじやぶ（難破）り、天台大師の円慧、円定を撰じ給ふのみならず、鑑真和尚の弘通せし日本小乗の三処の戒壇をなんじやぶ（難破）り、叡山に円頓の大乗別受戒を建立せり。此の大事は仏滅後一千八百年が間の身毒、尸那、扶桑、乃至一閻浮提第一の奇事なり。内証は龍樹、天台等には或は劣るにもや、或は同じもやあるらん。仏法の人をすべ（統）て一法となせる事は龍樹、天親にもこえ（超）、南岳、天台にもすぐれ（勝）て見えさせ給ふなり。総しては如来御入滅の後一千八百余年が間、此二人こそ法華経の行者にてはをはすれ」

（撰時抄　定遺一〇二六頁）

とお述べになり、伝教大師の大乗戒壇建立の偉業を讃歎しておられるのである。

その後、後朱雀院の長暦二年（一〇三八）にいたり、延暦寺・園城寺の間に諍論が生じ、三井の徒は叡山の戒壇に登ることができなかったため、明尊は園城寺に別の戒壇を建てようとしてその勅許を朝廷に請い、そのために、長久二年五月勅してその可否を諸宗に宣問した。法相・三論・華厳・戒律及び真言各宗は賛許したが、台徒は固くこれを拒否したため、久しい間勅許は得られなかったが、奏請前後五回、ついに白河院の永保元年（一〇八一）に及んで初めて綸旨を得、戒壇を三井に築きその法式を挙げようとしたところ、山徒が来襲してこれを撤廃した。いわゆる三摩耶戒壇である。爾来、三井の建壇については諍闘が続いた。

その後、後醍醐天皇元応年間にいたって、神蔵寺伝信は洛東岡崎に一つの律院を構え、山門の戒壇を分置して勅願所となし元応寺と称した。また、その徒・恵鎮は法勝寺に戒壇を設けて、貴族で登山受戒ができないものたちに便宜を与え、同時に鎌倉円頓宝戒寺・筑紫鎮仏寺・加賀薬師寺・伊予等妙寺の四カ所に戒壇を分置し、大いに円頓戒を復興したのである。これらを遠国四カ戒壇と称した。元亀二年（一五七一）、比叡山は織田信長の兵火により、戒壇もまた烏有に帰したが、天正年間に再興され授戒の式も行われるにいたった。わが国では、壇は三重で、壇上に多宝塔を安置したが、中国では舎利か舎利塔を安置したといわれている。

日蓮大聖人は叡山の戒壇を、

「此の戒法を立てて後延暦寺の戒壇は、迹門の理戒なれば益あるまじき処に、叡山に座主始まって第三、第四の慈覚、智証、存外に本師伝教、義真に背きて、理同事勝の狂言を本として、我が山の戒法をあなづりて戯論とわらひし故に、存外に延暦寺の戒、清浄無染の中道の妙戒なりしが、徒らに土泥となりぬる事云ふても余りあり。（中略）夫れ一代聖教の邪正、偏円を弁へたらん学者の、人をして今の延暦寺の戒壇を踏ましむべきか。」

（三大秘法稟承事　定遺一八六五頁）

と述べられている。すなわち、叡山の一乗戒壇も末法という時代から見直せば、未だ像法時、迹門の戒壇にすぎず、また叡山に座主始まって第三、第四の慈覚、智証は、比叡山の戒法を侮辱し、延暦寺の戒、清浄無染の中道の妙戒であったのに、いたずらに土泥となってしまった。大聖人は、末法においては本門に立脚する新たな戒壇が建立されなければならないことを強調せられて、将来の建立に期待を寄せられている。

「戒壇とは王法、仏法に冥し、仏法、王法に合して王臣一同に本門の三秘密の法を持ちて、有徳王、覚徳比丘の其の乃往を末法濁悪の未来に移さん時、勅宣並びに御教書を申し下して、霊山浄土に似たらん最勝の地を尋ねて戒壇を建立すべき者か、時を待つべきのみ。」

（三大秘法稟承事　定遺一八六四頁）

戒壇は、仏教の歴史とともに変化しつつ存在し、その時代、その教えにあった戒壇が必要である。即ち、戒壇は仏教教理の発展、深化とともに進化発展する。したがって、本門の肝心にまで到達した日蓮仏教にふさわしい戒壇が建てられるべきである。これはまた戒壇も開迹顕本されるということを示している。

本門戒壇の歴史的意義

本門戒壇の歴史的意義とは、まず、本門戒壇は、仏滅後二千数百年に未曽有の戒壇である。本門戒壇は、いうまでもなく日蓮聖人が内証の境地において、霊山釈尊から面授口決された三大秘法のなかの本門戒壇のことである。また本門の戒壇の原型、本質は、この霊山虚空会の神秘界における、宗祖の相承そのものである。

「此の三大秘法は二千余年の当初地涌千界の上首として、日蓮慥に教主大覚世尊より口決せし相承なり。今日蓮が所行は霊山の稟承に芥爾計りの相違なき、色も替はらぬ寿重品の事の三大事なり。」（三大秘法稟承事　定遺一八六五頁）

また、三大秘法について大聖人が述べられる順序は、以下のごとく、一に本門本尊、二に本門戒壇、三に本門の題目となっている。

「問ふて言く、如来滅後二千余年に、龍樹、天親、天台、伝教の残し給へる所の秘法とは何物ぞや。答へて曰く、本門の本尊と戒壇と題目の五字となり。」

（法華取要抄　定遺八一五頁）

「問ふて言く、天台、伝教の弘通し給はざる正法ありや。答へて曰く有り。求めて言く何物ぞや。答へて曰く三あり。末法のために仏留め置き給ふ。迦葉、阿難等、馬鳴、龍樹等、天台、伝教等の弘通し給はざる正法なり。求めて言く、其形貌如何。答へて曰く、一には日本乃至一閻浮提一同に本門の教主釈尊を本尊とすべし。所謂宝塔の中の釈迦、多宝、（塔）外の諸仏並に上行等の四菩薩脇士となるべし。二には本門の戒壇、三には日本乃至漢土、月支、一閻浮提に人ごとに有智無智をきらはず、一同に他事をすてて南無妙法蓮華経と唱ふべし。」

（報恩抄　定遺一二四八頁）

もとより三大秘法は三業受持、三秘具足を以て一体であり、その基幹は「南無妙法蓮華経」であるから、一々に優劣はない。しかしながら、本尊につづいて戒壇を挙げられる大聖人の御聖意には、深甚なものがある。

正法・像法時代に実現できなかった本門の戒壇は、大聖人の本師、本化、第三の法門と末法今の時を待ち具現化され得るにいたる。伝教大師最澄による円頓戒壇も、未だ像法のとき、迹門の戒壇であり、末法においては本門に立脚する新たな戒壇が建立されるべきであると、大聖人は強調されている。

「此の戒法を建てて後延暦寺の戒壇は迹門の理戒なれば益あるまじき処に、叡山に座主始まって第三、第四の慈覚、智証、存外に本師伝教、義真に背きて、理同事勝の狂言を本として、我が山の戒法をあなづりて戯論とわらひし故に、存外の延暦寺の戒、清浄無染の中道の妙戒なりしが、徒らに土泥となりぬる事言ふても余りあり。(中略)夫れ一代聖教の邪正、偏円を弁へたらん学者の、人をして今の延暦寺の戒壇を踏ましむべきか。」

(三大秘法稟承事　定遺一八六五頁)

大聖人は恐らく遊学の途次、当時の正式出家僧侶として、叡山の戒壇において受戒されたはずである。

しかしその栄達の道を擲って叡山と訣別し、一沙門として市井での弘教に向かわれ、法難・色読を経られて、末法大導師・本化上行菩薩の大覚悟に立たれ、三大秘法中の本門の戒壇の義を立てられ、その実現を期された。

かつての戒壇は、勅許による出家資格取得の場であったといえよう。本門の戒壇はすべての人に、法華経を信じ持つことで受職灌頂が許されるのである。そして、本門の戒壇は、①懺悔滅罪、②戒壇立踏、③自誓受戒、④受職灌頂、⑤血脈相承等の儀式によって成立する。まず人類全体の有史以来の謗法罪の総懺悔を以て、精神浄化により、自らが真に寿量仏の仏子、いな寿量仏そのものたる確信（自行）と誓願（化他）を信仰生活のうえに確立し、仏位を相続し、寿量仏の血脈相承を受け大曼荼羅界に入ること、それが戒壇立踏である。生死一大事の信心の血脈に連なることこそ肝要である。信即戒であり、信ずる者自ら「自誓受戒」して化他行に出ることが祖意である。

「三国並びに一閻浮提の人懺悔滅罪の戒法のみならず、大梵天王、帝釈等も来下して踏み給ふべき戒壇なり。」（三大秘法稟承事　定遺一八六四頁）

かかる地球規模による壮大なパノラマが展開される本門の戒壇の歴史的意義は、まさに前代未聞、未曽有の戒壇である。現代においては勅許を経ずして、その実現建立を達成すべきである。

第二章　日蓮大聖人の本門の戒壇、その現代的意義

一、本門戒壇の意義

戒壇とは、戒律を受けるための壇、あるいはそのための場所をいう。法華の行者が信行するところは、即是道場であるから一分の戒壇といえる。もちろん大曼荼羅御本尊安置の道場はむろんである。したがって、古来、王命によって建設するところの国立の大戒壇を事壇といい、個々の戒壇を理壇と呼んだりした。ここでは、現実に建立された戒壇を事とし、戒壇精神の実践を理とする。したがって戒壇とは本質的に現実の戒壇のことをいう。この論文では、事壇（現実の戒壇）を中心に論を進めていく。

大聖人が戒壇について明瞭に述べられたのは、三大秘法稟承事である。

「戒壇とは王法、仏法に冥し、仏法、王法に合して王臣一同に本門の三秘密の法を持ちて、有徳王、覚徳比丘の其の乃往を末法濁悪の未来に移さん時、勅宣並びに御教書を申し下して、霊山浄土に似たらん最勝の地を尋ねて戒壇を建立すべき者か、時を待つべきのみ。事

の戒法と申すは是れなり。三国並びに一閻浮提の人懺悔滅罪の戒法のみならず、大梵天王、帝釈等も来下して踏給ふべき戒壇なり。」

（三大秘法稟承事　定遺一八六四頁）

二、時

この文章には、戒壇建立の時が明示されている。即ち、南無妙法蓮華経の仏法がすべての世間法の指導原理となり、王法（日本国憲法）をはじめとする、すべての世間法に南無妙法蓮華経の仏法が融化する時、国民すべてが本門の三大秘法を持って、過去の正法護持の国王である有徳王と、正法の弘教の僧侶である覚徳比丘が目指した仏教の理想的な治世と浄土を末法の現代に移す。即ち濁悪の娑婆世界を一仏浄土たらしむるには、霊山浄土に似た法華経の聖地、最勝の地に戒壇を建立し、戒壇立踏すべきである。これは必然のことであり、時を待つべきである。この時を待つべきというのは、ただ漫然としてなにもせず時を待つのではなく、不惜身命に自行化他に努力精進して時を待つのである。末法濁悪の世界を一天四海皆帰妙法にすべき時が戒壇建立の時である。金融再編成、ビッグバン等、価値観の統一が叫ばれている現代において、ガイア思想のように地球及び宇宙生命体（一大秘法、南無妙法蓮華経）を最も貴い思想とするような価値観が世界に広まり、すべての思想が一大秘法、妙法蓮華経（宇宙生命観）を中心に統一されるべき時である。

近時、我が宗門においても、一天四海皆帰妙法への努力として、一大秘法（大宇宙生命体）、仏意に対する謗法への罰といえる環境問題に対する取り組みがなされている。また民族紛争等（コソボ問題）の犠牲者に対する救済基金の募集等、世界平和への取り組みも盛んである。そして、宗教間対話等による一天四海皆帰妙法達成を目指す時、事壇を建立するべきである。

ここで、宗教間対話について述べると、宗教間対話はキリスト教世界における宗教対立の深刻さに対する反省から起こった。とくにキリスト教内部におけるカソリックと、プロテスタントの平和共存を目的として進められてきた。

日蓮大聖人は、辻説法・法輪等を通して信仰・真理を語られた。相手を理解したうえで、自己の宗教的真理を語り相手を導かれたのである。我々日蓮門下は、この日蓮大聖人の布教姿勢を指南として、異宗教との対話に臨まなければならない。

まずこの宗教間対話の意義について述べると、第一に、異宗教との相互理解による和平共存を目的とする。第二は、異宗教と対立せずとくに武力闘争せず、融和的に改宗させるというキリスト教の世界戦略としての布教手段である。第三にその本質的意義は、交通手段の進化・情報革命・技術革命によるグローバライゼーションの波に乗り、必然的に異宗教が出会わなければならない状況に世界がなってきていることからの必然的必要性からなされるべきことである。

二〇〇〇年六月二十五日、ドイツ、ハノーバー国際博覧会において日蓮宗音楽芸術特別大法要が日蓮宗管長・法主猊下を大導師として、勤修された。また伊藤通明総務のバチカン訪問は、まさに宗教間対話の実践であり、公式訪問先はまさに宗教対話庁であり、ヨハネ・パウロ教皇と対話したのである。まさにこれは、法華経本門の開会の思想より一天四海皆帰妙法を目指したものであろう。

二〇〇二年九月十一日テロリストにハイジャックされた飛行機の突入による、アメリカの富の象徴、貿易センタービルと軍事力の象徴、国防総省への突入は、その悲惨な犠牲への怒りに端を発した報復攻撃を生み、アフガニスタンと米英との戦乱へと拡大した。

しかし、戦争の拡大は、さらに新たな炭疽菌による反撃を生み、暴力の連鎖はやむことを知らず、無辜の民衆の犠牲は拡大の一途をたどっている。

この戦争の原因の一つは、宗教の違いからくる思想、価値観の対立にあるとされている。キリスト教とイスラームの神は、ともに人間を超越した人間に外在する神である。寿量御本仏は歴史上実在した人間釈尊を通して開顕された神であり、人類の己心に等しく内在するものである。本門の戒壇は、久遠本仏の永遠の命によって開会される儀式の場であり、戒壇立踏によって、人間は内なる神の偏在即ち、「自ら神である」との宣言をする場所なのである。仏教以外の教えの多くにおいては、神に対立する悪魔を滅ぼさなければ平和はこないと考えられている。仏教の教えには、本当の悪魔はいない。発展途上の仏がいるだけである。それら発展途上の仏は、戒壇立踏を通して真の仏となり、世界平和の実現の担い手となるのである。戒壇建立の緊急性がここにあるのである。

正法・像法時代に出現しえなかった本門の戒壇は、「時が未だいたらなかった故に」、弘通の人が「本化別付の人でなかった故に」、大聖人の本師、本化、第三の法門と末法今の時を待って具現化され得るにいたったのである。伝教大師最澄による円頓戒壇も、未だ像法の時、迹門の戒壇であり、末法においては本門に立脚する新たな戒壇が建立されなければならないことを、大聖人は強調されている。

大聖人は、また本門の戒の弘まるときは、前代未聞の地震・彗星等の大瑞あるべしと仰せになられている。

「但此本門の戒の弘まらせ給はんには必ず前代未聞の大瑞あるべし。所謂正嘉の地動、文永の長星是なるべし。」

（教行証御書　定遺一四八八頁）

このご文章から、一九九五年の阪神淡路大震災（Ｍ七・二）、一九九九年のトルコ、ギリシャ、台湾大地震（Ｍ七・七）また、一九九六年の百武彗星、ヘールポップ彗星等の出現、二〇〇〇年の三月三十一日北海道有珠山の噴火、七月八日三宅島噴火、九月十一日東海地方大水害、十月六日鳥取地方の地震等を考えると、近時、戒壇建立が近いことを予感させる。

戒壇建立後の世界の現状は、如説修行抄のご指南により予想すれば、

「天下万民諸乗一仏乗となりて妙法独り繁昌せん時、万民一同に南無妙法蓮華経と唱へ奉らば、吹く風枝をならさず、雨土くれ（壊）をくだかず、代はぎのう（羲農）の世となりて、今生には不祥の災難を払ひ長生の術を得、人、法共に不老不死の理を顕さん時を各各御らん（覧）ぜよ。現世安穏の証文疑ひあるべからざる者なり。」

（如説修行抄　定遺七三三頁）

とあり、これも近年、臓器移植・ホルモン療法等医学の進歩にともない寿命が延びつつあるこ

とから戒壇建立が近いのではないかといえる。

三、戒壇建立の主体

戒壇建立の主体は、衆参両院の議決により国立戒壇を建立する、もしくは、国際連合のより強化された世界政府の議決により世界戒壇を建立するなど考えられるが、本質的にいうと、民主主義の現代においては、一切衆生、民衆の総意による。ここで世界的規模における戒壇建立の主体のモデルとして、考察すべきはＮＧＯ（エヌジーオー non-governmental organization）であろう。営利を目的としない世界的規模の人権・軍縮・平和・開発・環境等の問題を改善する団体として未来における国際社会の関係調整団体として注目される。

ＮＧＯ（エヌジーオー）は non-governmental organization の略称で、ふつう非政府組織と訳される。民間の非営利的国際協力団体で、国家政府の追求する国益に拘束されず、国境を越えた連携運動を展開している。一国内でのみ活動する民間団体をさすこともあるが、多くは複数の国にまたがる組織と活動の広がりをもつ。この意味で最近は、政府間の国際機構に対して非政府間国際機構とも呼び、国際ＮＧＯ（ＩＮＧＯ）の語ももちいられる。

国連憲章七十一条は、「経済社会理事会は、その権限内にある事項に関係のある民間団体と協議するために、適当な取り決めをおこなうことができる」と定めており、この規定にもとづいて国連経済社会理事会は、従来から多くのＮＧＯと協力関係をむすんできた。ＮＧＯの活動は一九七〇年代以降、人権・軍縮・平和・開発・環境などの領域で注目されるようになった。近年は、経済社会理事会に限らず、国連総会、安全保障理事会や多くの国連下部機関のレベルにも、ＮＧＯとの協力関係が広がっているが、これは主権国家を軸とする国際関係の限界を超える役割をＮＧＯが担っているためといえよう。

国連（とくに経済社会理事会）と協議関係にある団体は国連ＮＧＯと呼ばれ、次の三種に区別される。カテゴリー⑴は、経済社会理事会の活動の大部分に基本的利害関係をもつもので、同理事会に対する議題の提案、会議への出席と発言・意見書の提出もできる。赤十字社連盟・国際商業会議所・国連協会世界連盟などがある。カテゴリー⑵は、同理事会の活動の特定の分野にかかわるもので、会議への出席と発言・意見書の提出ができる。アムネスティ・インターナショナル・赤十字国際委員会・国際法協会などがある。⑶はロスター・カテゴリーと呼ばれるもので、難民や先住民問題など専門的領域で活動する団体である。ＮＧＯ委員会に属するロスターA、国連事務総長に属するロスターB、他の国連専門機関に属するロスターCに細分され、会議への出席や意見書の提出などができる。インディアン法資料センター、北欧サーミ評議会、核戦争防止国際医師会議などがこれに含まれている。(Microsoft(R) Encarta(R) 99 Encyclopedia 参照)

四、場　所

霊山浄土に似たらん最勝の地。

「教主釈尊の一大事の秘法を霊鷲山にて相伝し、日蓮が肉団の胸中に秘して隠し持てり。されば日蓮が胸の間は諸仏入定の処也。舌の上は転法輪の処、喉は誕生の処、口中は正覚の砌なるべし。かゝる不思議なる法華経の行者の住処なれば、いかでか霊山浄土に劣るべき。法妙たるが故に人貴し人貴きが故に所尊と申は是也。」

(南条兵衛七郎殿御返事　定遺一八八四頁)

戒壇建立の場所を選定するにあたっても、本門の戒壇の意義を明確にしなくてはならない。本門の戒壇の意義は、戒壇立踏によってその人が本化の菩薩を誓願する。即ち、地涌の菩薩として生き、浄仏国土顕現を目指す命をいただくことである。つまり本門戒壇の古来の学説の対立はあまり意味をなさず、事壇説の儀式を通して、理壇説の生涯を送る自覚を授けるのが本門の戒壇の真義である。即ち、本門の戒壇は戒壇儀式を通して三大秘法たる本門の題目、本門の本尊、本門の戒を授けるのである。

戒壇建立の具体的な場所の考察は困難である。理壇説にはこの現実世界、娑婆世界、大曼荼羅を掲げて礼拝するところすべて、お題目を唱えるところすべて、全国各日蓮宗寺院などとあるが、まず、実際に本門の戒壇儀式を行う場所を考察する。三大秘法稟承事には「勅宣並びに御教書を申し下して、霊山浄土に似たらん最勝の地を尋ねて戒壇を建立すべき者か、時を待つべきのみ。事の戒法と申すは是れなり。三国並びに一閻浮提の人懺悔滅罪の戒法のみならず、大梵天王、帝釈等も来下して踏給ふべき戒壇なり。」（定遺一八六四頁）とある。『霊山浄土に似たらん最勝の地』とはどこであろうか。古来、身延説、京の比叡山に対する富士山説（本門寺説を含む）、グローバルな視点からインド霊鷲山まで考えられる。

日蓮宗事典にある本妙日臨上人の分満論は、現実的で面白い。「大曼荼羅安置の寺搭堂宇の道場はすべて戒壇であるが、未だ皆帰妙法でないから分の戒壇であるとし、皆帰妙法の暁には、王仏冥合の勅許による戒壇を建立すべきで、それを満の戒壇というとする。」（『日蓮宗事典』参照）。このことから全国寺院の大曼荼羅御本尊や本門の戒壇儀式を考察していく必要があるといえる。また少なくとも全国日蓮宗僧尼に戒を授ける戒壇は、身延に建立すべきである。

［本門戒壇の解釈とその場所］

1．教団永遠の理想像――事の戒壇（富士戒壇説・身延戒壇説）
2．信証（宗教的体験の極地）――理の戒壇（即是道場）

［戒壇論の展開］

1．日蓮宗一致派――信仰当処の戒壇の重視
2．日興門流――富士戒壇建立
3．顕本法華宗（一部）――戒壇建立は無意味

第三章　戒壇の構成

戒法、戒体、戒行、戒相

戒そのものについて、法華経には具体的に説かれている部分は少ない。大乗においては菩薩戒の三聚浄戒、梵網の十重禁戒、四十八軽戒、華厳の十無尽戒、瓔珞の十戒等がある。戒は梵語の尸羅（śīla）の漢訳されたもので、仏教道徳の総称的なものである。「防非止悪の義」と通称し、非を防ぎ、悪を止めるのを戒の作用とするものである。

さらに、戒に四科（戒の四別）を立て、

一、戒法　仏陀制定の戒律。

戒法――仏が制定したといわれる戒律の法。『四分律』『十誦律』など、後世になって律蔵に集大成された戒律は、最初は一定の組織がなく、比丘に不都合な行いがあったとき、それに対してそのたびごとに仏が制定したことがもとでできた。一つひとつの戒律にあげてある因縁をみると、さまざまの悪行があったことが知られる。

二、戒体　師弟が授受の儀式によって受けた戒法を心に持つこと。
戒体――戒の本体。戒を受けて身に止悪修善の力が備わった者。
またこれは大乗においては三世にわたり存続する。
三、戒行　戒体を実践すること。
戒行――戒めを守って修行すること。戒の規則を守って実践修行すること。
四、戒相　戒行が日常生活の上に実践されるので、そこに種々の差別があること。
戒相――戒をたもつすがた。持戒と破戒との二つをいう。戒法の規定にしたがって実践する際、戒をたもち、また犯し、その罪が軽いか重いかなどの差別があるのをいう。
（中村元『佛教語大辞典』参照）

また、戒法、戒体、戒行を総称して戒相ともいう。

事の戒法

ここで、日蓮大聖人の教示される戒法について少し詳説する。
「然るに日蓮は何の宗の元祖にもあらず、又末葉にもあらず。持戒、破戒にも闕て無戒の僧、有智、無智にもはづれたる牛羊の如くなる者也。」

（妙密上人女房御消息　定遺一一六五頁）

と述懐せられたるごとく、末法とは無戒なりと説示されておられるのに、なぜ、戒壇の建立を必要とするのか、この義を明らかにしておかなければならない。

末法の戒とは、是名持戒、金剛宝器戒、即ち一大秘法の妙法蓮華経五字のことである。

つまり、受戒とは、今身より仏身にいたるまで本門の本尊に帰命して、本門の題目を信唱受持し妙法蓮華経を行いに受持することである。

宗祖日蓮大聖人は、次のように述べられている。

「此法華経の本門の肝心妙法蓮華経は、三世の諸仏の万行万善の功徳を集めて五字となせり。此五字の内に豈に万戒の功徳を納めざらんや。但此具足の妙戒は一度持ちて後行者破らんとすれども破れず。是を金剛宝器戒とや申しけんなんど立つべし。三世の諸仏は此戒を持ちて法身、報身、応身なんど何れも無始無終の仏にならせ給ふ。」

（教行証御書　定遺一四八八頁）

即ち、一大秘法たる寿量品文底の妙法蓮華経五字を、是名持戒する、信唱受持することをもって、「信即戒」すなわち末法における戒とせられているのである。その一大秘法の受持・持戒・誓願の場が戒壇なのである。つまり、我久遠本仏なりとの大自覚に立ち、南無妙法蓮華経と唱え仏願仏業に従事することを誓うことが受戒なのである。

したがって、本門の戒法は妙法蓮華経、戒体、戒行、戒相は、それぞれ南無妙法蓮華経となる。天台の戒を迹門の理の戒法とするのに対して、日蓮仏教の戒は本門の事の戒法と呼ばれている。この事とは、妙法蓮華経という宇宙本仏の現実の生命の構造と活動を示すものであり、本門事の一念三千原理により、本仏己心から三千世界宇宙が展開されていることをいう。この原理のうえに現実に国立戒壇等が建立されて初めて本門の戒壇戒法が現実に成立するということをさす。この戒壇を核としてさらに、本仏己心と一体の行者己心から仏国土が展開されねばならない。したがって事の戒法とは現実の本仏の生命である妙法蓮華経ということになる。

本門の十戒

ここで、この金剛宝器戒を開くと本門の十戒となる。即ち、本門の不殺生戒、本門の不偸盗戒、本門の不邪淫戒、本門の不妄語戒、本門の不酤酒戒、本門の不説四衆過罪、本門の不自讃毀他戒、本門の不慳貪戒、本門の不瞋恚戒、本門の不謗三宝戒である。宗祖は次のように仰せである。

「今の戒とは小乗の二百五十戒等並に梵網の十重禁、四十八軽戒、華厳の十無尽戒、瓔珞の十戒等を捨てゝ、未顕真実と定め畢つて方便品に入つて持つ所の五戒、八戒、十善戒、二百五十戒、五百戒乃至十重禁戒等なり。経に是名持戒とは則ち此意なり。迹門の戒は爾前大小の諸戒には勝ると雖も而も本門の戒には及ばざるなり。十重禁とは一には不殺生戒、二には不偸盗戒、三には不邪淫戒、四には不妄語戒、五には不酤酒戒、六には不説四衆過罪戒、七には不自讃毀佗戒、八には不慳貪戒、九には不瞋恚戒、十には不謗三宝戒なり。第一不殺生戒とは爾前の諸経の心は仏は不殺生戒を持つと説けり。然りと雖も法華の心は爾前の仏は殺生第一なり。所以者何、爾前の仏は一往世間の不殺生戒を持つに似たりと雖も、未だ出世の不殺生戒を持たず。二乗、闡提、無性の有情等の九界の衆生を殺して成仏せしめず。能化の仏未だ殺生罪を免れず。何に況や所化の弟子をや。然るを今の経は悉く成仏せしむ云云。今身より仏身に至るまで爾前の殺生罪を捨てゝ、法華寿量品の久遠の不殺生戒を持つや不や、持つと三返。」（本門戒体抄　定遺一七二三頁）

本門の十戒は、本門の久遠本仏の立場から、従来の戒を開会し説明したものである。したがって、それぞれの戒の本質的意義が示されている。要は、寿量品文底の妙法蓮華経は、金剛宝器戒として仏教教理上最高発展段階にあり根本の戒となる。ゆえに、迹門の戒、余経、小乗の戒は、根本戒によって開会される。

受戒する人

受職灌頂とは、インドにおける王位継承の儀式であって、前王より新王の頭頂に四大海の水をそそぎ、王位を継承していく作法である。これは転輪聖王の伝説に出ずるもので、国王の即位の儀式にならって、仏教においては法王の位に上る菩薩に灌頂し、これを認証する儀式であって、その位を受けたものの立場を受職位というのである。

天台においては、五十二位のなかの等覚に相当するとき、この受職をすることが通例であるが、法華経の教理からいうときは、すべての人に法華経を信じ持つだけで受職を許されるのである。

「受職とは因位の極際に始めて仏位を成ずるの義なり。」

（得受職人功徳法門抄　定遺六二五頁）

ここで、因位の極際とは、菩薩行の果て五十二位のなかの等覚の位を意味するが、祖意の語るところは、受職とは凡夫のままで仏の位を受けとることを形で表わすことである。

「此受職に於て諸経と今経との異りあり。余経の意は等覚の菩薩、妙覚の果位に叶ふの時、他方の仏来つて妙覚の智水を以て、等覚の頂きに灌ぐを受職位の灌頂と云ふなり。（中略）次に法華実経の受職とは、今経の意は聖者よりも凡夫に受職し、善人よりも悪人に受職し、上位よりも下位に受職し、乃至持戒よりも毀戒、正見よりも邪見、利根よりも鈍根、高貴よりも下賤、男よりも女、人天よりも畜生等に受職し給ふ経なり。故に未断見思の衆生の我等も皆悉く受職す。故に五即五十一位共に受職灌頂の義あり。釈に云く『教弥よ権なれば位弥よ高く、経弥よ実なれば位弥よ下れり』と云ふは此の意なり。」

（得受職人功徳法門抄　定遺六二五―六頁）

今経においては、未だ惑いを断ち切ることができず、煩悩五欲に包まれている凡夫であっても、お題目を受持した、即ち名字即の位において受職することができる。しかも、上根上機よりも下根下機に受職の義を立てるのである。ゆえに、五即五十一位ともに受職灌頂の義が存するのである。

「今経の受職灌頂の人に於て二人あり、一には道、二には俗なり。道に於て復二あり、一には正しき修学解了の受職、二には只信行の受職なり。俗に於ても又二あり。道に例して知んぬべし。比丘の信行は俗の修学に勝る。又比丘の信行は俗の終信に同じ。俗の修学解行は信行の比丘の始信に同ず。何を以ての故に、比丘能く悪を忍べばなり。又比丘出家の時分受職を得。俗は能く悪を忍ぶの義ありと雖も受職の義なし。故に修学解了受職の比丘は仏位に同じ、是即ち如来の使者なればなり。」

（得受職人功徳法門抄　定遺六二六―七頁）

日蓮大聖人は法華経における受職灌頂について、修学解了の者と始信の者と受職灌頂を受ける資格においては同一であるが、修学解了の者と、修学・信心ともに未熟なる者が、対等に非ざることを断案せられている。同時に信行の比丘にして、修学解了の者は仏位に同じであると断じておられる。

能く悪を忍ぶという悪は利己に執着することである。真の得度は如来の所遣として、仏願仏業に生きることである。これこそ真実の報恩であり、化他行であることを示すものである。

この戒壇は、三国すなわちインド、中国、日本のみならず世界中の全人類、のみならず三界の主梵天、欲界の主帝釈天等天上界の神々も来下して踏むべき戒壇である。即ち受戒する人は、現象世界のみならず、多次元世界も含めての一切衆生である。また梵天帝釈天等天上界の神々等が代表する世界の理念自体、世界そのものが戒壇立踏する。即ちその世界を治める理念自体が法華経本門の思想によって開会されるのである。

戒　師

一、戒師の数について

宗祖が戒師について詳しく述べられた御書は本門戒体抄である。

「受戒は辺国は五人、中国は十人なり。十人とは三師、七証なり。三師とは和尚と阿闍梨と教授となり。（中略）受戒に必ず三師、一証、一伴なり、已上五人なり。三師とは一は生身の和尚は霊山浄土の釈迦牟尼如来なり。響の音に応ずるが如く、清水に月の移るが如く法華経の戒を自誓受戒する時必ず来り給ふなり。然れば則ち何ぞ生身の釈迦牟尼如来を捨てて、更に等覚の元品未断の四依等を用ひんや。（中略）但だ法華迹門の四教開会の釈迦如来之を用ひて和尚となすなり。二は金色世界の文殊師利菩薩之を請じて阿闍梨となす。四味、三教並に爾前の円教の文殊には非ず。此は法華迹門の文殊なり。三は都史多天宮の弥勒慈尊之を請じて教授となす。小乗未断惑の弥勒乃至通別円等の弥勒には非ず。(中略)此は迹門方便品を授くる所の弥勒なり。已上三師なり。一証とは十方の諸仏なり、此れ則ち小乗の七証に異なるなり。一伴とは同伴なり。同伴とは同く受戒の者なり。法華の序品に列なる所の二乗菩薩、二界八番の衆なり。」(本門戒体抄　定遺一七二二—二五頁)

日蓮大聖人は本門戒体抄の冒頭で戒師の数について「受戒は辺国は五人、中国は十人なり。十人とは三師七証なり。三師とは和尚と阿闍梨と教授となり。十人共に五徳を具す。」(本門戒体抄　定遺一七二二)と述べられている。

本来、受戒は三師七証の十人で行われるべきものである。三師とは和尚(親教師と訳す)、阿闍梨(羯磨師・羯磨阿闍梨ともいう)、教授(教授阿闍梨ともいう)と七人の受戒成立の証人である。十人ともに五徳を備える者でなくてはならないので、辺国(辺地と指定された地方)においては資格を持った者がそろわないため、〝辺国は五人〟とされた。五人とは三師、一証、一伴である。三師は同じく和尚・阿闍梨・教授であり、一証とは一人の証人、それに一伴とは伴侶であり、これは同じく戒を授かる者をいう。一伴はその最小限度を示すものに過ぎない。中国の場合は一伴があったとしても略して取り上げていない。

受戒は単なる師からの伝授を意味するものではないが、のちに大乗仏教では師からの相承を重んじる傾向もあらわれ、大乗戒では単独で受戒する〝自誓受戒〟が認められるようになり、儀式も簡略化されていった。

二、受戒の意義

そもそも受戒とは僧伽の整備発展とともに規定化されてきたものであり、僧伽の羯磨によって比丘と認められ、入団するための重要な儀式であった。比丘となることは具足戒を受持することにほかならないので、本来は出家して沙弥になることとは区別されていた。しかし、のちには在家信者に三帰・四戒・八斎戒などを受戒させる大衆受戒も行われ、その儀式も広く〝受戒〟と称するようになった。日蓮大聖人は「五戒を受るに必ず二師あり。二師とは和尚と阿闍梨なり。八斎戒も亦是の如し。」（本門戒体抄　定遺一七二二頁）と述べられており、小乗においては、在家信者の五戒・八斎戒の授戒については二師を要することを示されている。

三、戒師の役割

和尚は親教師であり、正しく授戒の戒師大導師である。阿闍梨（羯磨阿闍梨）とは規範師であり、表白および羯磨を行う。表白とは受戒者の受戒を願うむねを聴き、懇切に戒師和尚に表白しまた衆中へ披露する。羯磨とは戒作業のことで、それらの可否を三度まで披露して遮難（受戒の不適格条件）のないことを明らかにし、受戒の作業を成立させる儀式を〝三羯磨〟といい、初の表白を加えて〝白四羯磨〟と称する。教授（教授阿闍梨）とは戒の威儀作法等について委曲に説示する師。七証ないし一証とは黙然として座にあり、受者が、今の受戒を能く菩提を成じるまで背かないと誓うことを証明する。一伴は前述のごとく、同じく戒を授かる者をいう。

『四分律』後半の作持戒の部の「受戒揵度」によると、受戒志願者はまず和尚を求めて志をのべ、和尚を通じて僧伽に乞請する。これに対する全員の賛否は白四羯磨による。白は議案で「某比丘を和尚として某甲に受具を与える」と議案を提出する。続いてこの白を読み上げて賛否を問うのが羯磨で三度賛否を問う。沈黙ならば賛成、異議あれば発言する。全員賛成のときのみ議案は成立する。和尚は新発意の衣鉢を整え、僧伽に受具を求め、受戒後は五年ないし十年教育する責任を有する。教授師は受戒の羯磨の行われる直前から終わるまで、受者に衣の着方、受戒の際の審問に対する答え方などを教授し、また受者に比丘となれない身体上の欠点や病気の有無を検する役目を有する。羯磨師は受戒の議長であり、白を述べ羯磨説をなし、司会者の役目も有する。(『日蓮宗事典』参照)

四、戒師の変遷

日本で本格的受戒制度が整うのは鑑真の来朝以来で、七五四年(天平勝宝六年)東大寺大仏殿前の仮設戒壇で沙弥らに具足戒を授け、翌年、東大寺に戒壇院が完成して三師七証の授戒が正式に開始された。ついで筑紫・観世音寺、下野・薬師寺に設置された戒壇は辺国五人の方法が採られた。平安時代初頭、伝教大師最澄による円頓戒授受勅許要請がその没後に容れられ、延暦寺に戒壇が設けられた。東大寺戒壇には多宝塔が安置され、釈迦・多宝二仏が並座するが、延暦寺戒壇には仏舎利及び三師として釈迦・文殊・弥勒の像を安置し、観念的に釈迦を戒和尚、弥勒を教授師、文殊を羯磨師(阿闍梨)とし、師僧は単なる伝戒師として、菩薩戒を授ける形式とした。

真言宗でも観念上の仏・菩薩を三師等とするが、印契印相を結び、真言を唱えての独特の三昧耶戒授戒を行う。

五、『本門戒体抄』に示される大乗戒の戒師

①梵網大乗戒――「師は必ず五徳を具する僧なり。常には一師二師なり。一師は名目梵網経に出づ。二師とは和尚と阿闍梨となり。」（本門戒体抄　定遺一七二三頁）授戒の師は必ず小乗のごとく五徳を具する三学円満の高僧でなくてはならない。その数は梵網経に出てくる和尚一師、または阿闍梨との二師である。

「千里の内に五徳を具せし僧無ければ自誓受戒す。」（本門戒体抄　定遺一七二三頁）。自誓受戒とは〝自ら誓願して戒を受ける〟ということで道場に座して、一日二日ないし一年二年、仏前において無始の罪障を懺悔するのである。その罪滅の至誠に感応あって、普賢・文殊が霊夢のなかに現れて滅罪滅罪と告げたときに自誓受戒すべきであるという。よってもし五徳を備える高僧があれば、この感応を得なくても受戒できるとされる。

梵網経における戒師について大聖人は、「仏は即ち盧遮那仏、二十余の菩薩、羅什三蔵、南

岳、天台、乃至、道邃、伝教大師等なり。」（本門戒体抄　定遺一七二三頁）と、盧遮那仏から転伝して天台にいたり、また道邃等を経由して伝教大師に相伝してきたことを述べられている。

②普賢経・迹門の受戒――同じ大乗戒でもそれには梵網権大乗と普賢経迹門実大乗の二があり相違がある。普賢経迹門の受戒は一向に〝自誓受戒〟である。大聖人は梵網経の千里の外の自誓受戒とこの普賢経の受戒の違いについて述べておられる。伝教大師の『顕戒論』を挙げ、「梵網経の十重禁・四十八軽戒をもって眷属戒と為すなり。法華経普賢経の戒をもって大王戒と為すなり」（本門戒体抄　定遺一七二三頁）と述べ、その戒師の違いについて明らかにされている。

「普賢経の戒師は千里の外にも千里の内にも、五徳あるも五徳なきも、等覚已下の生身の四依の菩薩等を以て、全く伝受戒の師に用ゆべからず、受戒に必ず三師、一証、一伴なり、已上五人なり。三師とは一は生身の和尚は霊山浄土の釈迦牟尼如来なり。響の音に応ずるが如く、清水に月の移るが如く法華経の戒を自誓受戒する時必ず来り給ふなり。然れば則ち何ぞ生身の釈迦牟尼如来を捨てゝ、更に等覚の元品未断の四依等を用ひんや。若し円教の四依あらば伝戒の為にこれを請ずべし。伝受戒のためにはこれを用ゆべからず。」

（本門戒体抄　定遺一七二三頁）

受戒には必ず、三師・一証・一伴、以上五人が必要であること、また等覚以下の生身の四依（五品十信・十住・十行十回向・十地等覚）の菩薩等を伝授戒師つまり和尚に用いるべきではなく、生身の和尚は霊山浄土の釈迦牟尼如来であることを示されている。なぜならば和尚の人格の如何によって、戒体受得成仏の成功不成功があるとすれば、伝受戒者（和尚）は元品の無明を断尽せる人格円満の仏陀に限るからである。

「小乗の劣応身、通教の勝応身、別教の台上の盧遮那、爾前の円教の虚空為座の毘盧遮那仏すら猶以てこれを用ひず。何に況や、其已下の菩薩、声聞凡夫等の師をや。但だ法華迹門の四教開会の釈迦如来之を用ひて和尚となすなり。」（本門戒体抄　定遺一七二五頁）

とのお示しである。

また、円教の四依の菩薩を用いるのは、伝戒師つまり阿闍梨と教授であるべきといい、

「二は金色世界の文殊師利菩薩之を請じて阿闍梨となす。四味、三教並に爾前の円教の文殊には非ず。此は法華迹門の文殊なり。三は都史多天宮の弥勒慈尊之を請じて教授となす。小乗未断惑の弥勒乃至通別円等の弥勒には非ず。亦無著菩薩のために阿輸舎国に来下して授けし所の大乗師の弥勒にも非ず。此は迹門方便品を授くる所の弥勒なり。」

（本門戒体抄　定遺一七二五頁）

と、阿闍梨には文殊菩薩を、教授には弥勒菩薩を勧請すべきことを述べられている。

さらに、一証・一伴については「一証とは十方の諸仏なり、此は即ち小乗の七証に異なるなり。一伴とは同伴なり、同伴とは同く受戒の者なり。法華の序品に列なる所の二乗菩薩、二界八番の衆なり。」（本門戒体抄　定遺一七二五頁）と、やはり法華経序品列座の諸仏・諸菩薩・二界八番の衆を挙げられている。

和尚――霊山浄土の釈迦如来
阿闍梨――金色世界の文殊菩薩
教授――都史多天宮の弥勒菩薩
一証――十方分身の諸仏
一伴――序品列座の二乗菩薩、二界八番等の衆

③法華本門の受戒

大聖人は「迹門の戒は爾前大小の諸戒には勝ると雖も而も本門の戒には及ばざるなり。」（本

門戒体抄　定遺一七二五頁）と、仏教最勝の戒である法華本門の妙戒を明かされる。本門の妙戒は融通無礙円転自在の大戒であり、その根本は本門の本尊に対して本門の題目を信念口唱受持することであるが、本抄では中庸の戒相ともいうべき十重禁戒に約して明かされている。

受戒に必要とされる三師・一証・一伴は、具体的にだれをさすかというと、宗祖日蓮大聖人は、本門戒体抄においては、法華経迹門普賢経の受戒法式における三師・一証・一伴を挙げるにとどめられている。この生身の釈迦牟尼如来をもって和尚となし、文殊師利をもって阿闍梨となし、弥勒をもって教授となすという祖判を勘案し、大曼荼羅御本尊を拝見すると、そこに、本門の戒体と三師・一証・一伴とが備わっていることがわかる。ちなみに『祖書綱要』の著者一妙院日導の指南によると次のごとくとなる。

南無妙法蓮華経――戒体
南無釈迦牟尼仏――和尚
南無多宝如来――阿闍梨
日蓮聖人――教授
南無文殊普賢菩薩舎利大迦葉等――一証

南無六道諸尊――――――一伴

（『日蓮聖人遺文全集講義』ピタカ参照）

第四章　戒壇立踏次第

ここで、戒壇立踏次第を構想してみると以下のようになる。

一、懺悔滅罪
二、戒壇立踏
三、自誓受戒
四、受職灌頂
五、血脈相承

一、懺悔滅罪

この戒壇立踏の前の懺悔とは、金剛宝器戒たる妙法蓮華経の五字（即ち本門の久遠本仏という宇宙生命論）を受戒する前に、その正法に反する思想行動を反省する、即ち法華経、久遠本仏の仏意に対する謗法罪、即ち法華経が随自意であることに気がつかず、その仏意に反した行いを反省することである。またその滅罪とは、懺悔による仏心の回復であり永遠の命への回帰である。

三大秘法稟承事には次のように述べられている。

「三国並びに一閻浮提の人懺悔滅罪の戒法のみならず、大梵天王、帝釈等も来下して踏給ふべき戒壇なり。」（三大秘法稟承事　定遺一八六四頁）

本門戒体抄には、梵網大乗戒の受戒儀式ではあるが、宗祖は次のように仰せである。

「千里の内に五徳を具せし僧なければ自誓受戒す。自誓受戒とは道場に坐して一日二日、乃至一年二年罪障を懺悔す。普賢、文殊等来りて告て毘尼薩毘尼薩と云はん時自誓受戒すべし。即ち大僧と名く。毘尼薩毘尼薩とは滅罪滅罪と云ふ事なり。」（本門戒体抄　定遺一七二三頁）

即ち、現代における謗法罪の最たるものは、大宇宙生命の一分たる地球本仏に対する破壊的行動である環境破壊、戦争等である。

●環境問題

ここで環境問題について述べると、環境問題とは、地球上の生物が住んでいるごく薄い層である生物圏において人類を脅かす環境破壊の諸問題といえる。生物圏は地球大気・土壌・水・生きている有機体などからなる。今のところ知られているすべての生命は、この生物圏以外で生存することはできない。

ホモ・サピエンス、人類はそのユニークな精神的および肉体的な能力により、ほかの種が超えることのできなかった環境上の束縛からのがれ、環境を自分たちの必要にあわせて変えることができた。初期の人類は明らかに、ほかの動物と同じく環境とほぼ調和した生活をしていたが、先史時代の最初の農業革命とともに、人類は野性から脱却し始めた。しかし、人類は自己の生活の利便性の追求によって環境を生存に適さないものに変化させ始めた。環境破壊の因子を以下に数例あげる。

●二酸化炭素

化石燃料の燃焼が地球環境に及ぼした影響のひとつは、大気中の二酸化炭素（CO_2）の増加である。大気中の二酸化酸素量は、過去においては何世紀にもわたってほぼ三六〇ppmのレベルで安定していたが、最近の百年間に三五〇ppmまで増加した。この変化が問題なのは、二酸化炭素が「温室効果」によって地球の温度を上げる可能性があるからである。二酸化炭素濃度が現在のように上昇し「温室効果」が続けば、温度は上昇し続け、二十一世紀中ごろには二〜六℃上昇すると予想する学者もいる。

●酸性降下物

化石燃料の燃焼による酸性雨は地球にとって大きな問題である。湖沼の酸性化によって、いくつかの魚種が全滅した。この現象は森林を衰退させる。

●フロン　オゾン層破壊

一九七〇年代と八〇年代に、人間の活動が地球のオゾン層に有害な影響を及ぼしてきたことが明らかになり始めた。オゾン層とは、太陽光が含む有害な紫外線から地球上の生物を守る大気の層である。厚さが約四〇kmほどで、オゾン層なしでは、どのような生命も地球上に生存できない。調査によって、オゾン層がフロンと呼ばれる化学物質の使用増加によって破壊されてきたことがわかった。

●有機塩素系殺虫剤

殺虫剤が野生動物と人間の両方にとって危険であることがわかったため、また昆虫がますます殺虫剤への抵抗力をもつようになったため、ＤＤＴなどの使用は先進国では急速に減っている。一九八〇年代には、ハロゲン化殺虫剤ＤＥＢ（二臭化エチレン）も潜在的な発癌性物質として大きな問題となり、ついに禁止された。（Microsoft(R) Encarta(R) 99 Encyclopedia より要約引用）

●環境ホルモン

現在、環境問題として論じられていた人間が生み出す科学物質が生物、生態系に及ぼす種々の問題が環境ホルモンという概念のもとに注目されている。「環境ホルモン」は新しい用語である。「環境ホルモン」は学術用語としてもともとあったわけではない。テレビ番組で、横浜市立大学理学部の井口泰泉教授が自分の研究内容を紹介したときに、「外因性内分泌かく乱物質」を「環境ホルモン」という平易な言葉にしたのが始まりである。
環境ホルモンとは、廃棄物や農薬、食品の成分などとして環境に放出された化学物質が体内に取り込まれ、あたかも女性ホルモンのように働いたり、男性ホルモンの働きを阻害したりして、ホルモン分泌を変動させたり生殖機能に与える物質を総称している。具体的には、廃棄物の燃焼によって発生するダイオキシン、熱媒体のＰＣＢ、農薬のＤＤＴ、界面活性剤のノニルフェノール、船底塗料ＴＢＴなどの七十種があげられている。（『ニュートン』一九九八年十月号参照）
環境ホルモンの具体的な作用について述べる。
環境ホルモンの特徴的作用の事例には、子宮内膜症の増加と精子減少を指摘することができる。近年、成人女性に子宮内膜症が増加しているが、このことにダイオキシンなどの環境ホルモンが関与しているとの見解が有力である。この見解を裏づけるのが、一九七七年にアメリカの研究グループが行った研究である。アカゲザルにごくわずかなダイオキシンを含むえさを一定期間与えたところ、七〇％以上に子宮内膜症が発症しという。アカゲザルと同じ現象が必ずヒトでも起きるとはいえないが、子宮内膜症と環境ホルモンの関係を結び付ける端緒となった。また、世界的に問題となっているのが、ヒトの精子数の減少である。一九九二年にデンマークのコペンハーゲン大学で生殖生物学を専門とするニルス・スキャケベクが行った研究によれば、デンマーク人の精子の数はここ五十年で半減しているという。この状況を受け現在フランスやアメリカ、ベルギーなどでも精子数の推移に関する調査研究が始められた。日本でも精子数の少ないヒトが増加しているという見解がある。胎児期から成人までの期間、男性が大気汚染や食品添加物などからのさまざまな化学物質にさらされる機会はふえている（『ニュートン』一九九八年、十月号要約）。この九二年のデンマークの研究班は、四〇年には精子数は、一ミリリットルあたり一億一千三百万個だったのが、九〇年には六千六百万個に半減したと報告している。

『世界保健機関（ＷＨＯ）の基準をすべてクリアしたのは五十人中、二人だけだったんです。』帝京大学医学部の押尾茂講師（泌尿器科学）は、自分が行った調査結果に衝撃を受けた。研究室のモニターには、素人目にもその違いが分かる正常な精液と、異常が見られる精液の二つの顕微鏡映像が映し出されていた。押尾講師は、九六年四月から二年間かけて二十代の健康なボランティア五十人の精液を検査した。項目は精子の数、正常に動いている精子の割合（運動率）など五つ。その結果、ＷＨＯが定めた通常の性交渉で妊娠できる基準値を四十八人が下回っていた。運動率は平均で三〇％弱と、ＷＨＯ基準の五〇％を大きく下回り、精子数も一ミリリットル当たり平均約四千六百万個と、二十年前に昭和大が行った同様の調査の約一億個の半分以下だった。

さらに平均四十二歳の四十四人を調査。精子数は七千八百万個と、本来少ないはずの年代の方が多いという結果が出た。押尾講師は『この二十年ほどの間に何かが起こったと推定できる』と分析する。」

（『北海道新聞』平成十年五月十二日）

このように、人類の生殖作用のシステムを破壊する現象は一体なぜ起こったのか。ダイオキシン等の環境ホルモンは、人間生活の利便性を追求してさまざまな化学物質を製造することによって生み出されたのであるが、これは、本仏たる宇宙、地球環境まで破壊してしまう。人類と一体である本仏、人類の主師親たる本仏への破壊行為は、本仏の命をこの現象世界に永遠に顕現するための人類の生殖システムにまでその影響を及ぼしている。このような人類の化学物質製造による破壊行為の本質とは何か。それは本仏への反逆行為であり、一言でいうなら謗法である。この謗法罪に対する罪報として法華経には、次のように説かれている。

「此の経を毀謗せば
即ち一切世間の　仏種を断ぜん
或は復顰蹙して　疑惑を懐かん
汝当に　此の人の罪報を説くを聴くべし
若しは仏の在世　若しは滅度の後に
其れ　斯の如き経典を誹謗することあらん
経を読誦し書持すること　あらん者を見て
軽賤憎嫉して　結恨を懐かん
此の人の罪報を　汝今復聴け
其の人命終して　阿鼻獄に入らん
(中略)
常に飢渇に因んで　骨肉枯竭せん
生きては楚毒を受け　死しては瓦石を被らん

仏種を断ずるが故に　斯の罪報を受けん」

（法華経譬喩品　平楽寺一六七―一六九頁）

つまりは、法華経の世界観のなかで述べると、人類はいまや本仏・浄仏国土と相反する思想行動を取っているのである。

●放射能

大気中で核実験をする国はなくなってきたが、放射性降下物の大きな発生源である核の放射能の除去はいまだに大きな問題である。原子力発電所からは、つねにある程度の量の放射能性廃棄物が、大気や水に放出されているが、もっとも危険なのは原子力発電所事故の可能性である。一九八六年にウクライナのチェルノブイリの原発事故で起こったように、大量の放射能が環境に放出される。実際にソ連（ＵＳＳＲ）崩壊以来、核事故や核廃棄物によるこの地域の汚染がそれまで考えられていたよりもはるかに広域であることが、世界中に明らかになった。原子力産業が直面しているもっと大きな問題は、核廃棄物の貯蔵である。核廃棄物はそれぞれのタイプに応じて、七百〜百万年間も放射能をもつ。（環境問題について、Microsoft(R) Encarta

（R）99 Encyclopedia より要約引用）

一九九九年九月三十日の茨城県東海村の核燃料加工会社ＪＣＯの臨界事故による、放射線被爆およびそれによる環境破壊は、もともと人間の手にあまる核燃料をバケツで扱い引き起こした、単純な人災による事故であったことは記憶に新しい。

また人類の国家的規模のエゴイズムによる戦争は、核兵器の使用の恐れもあり、人類だけではなく地球上の全生物の絶滅、地球生命自体の破壊の可能性がある。一九九一年の湾岸戦争では、アメリカ兵等による生物化学兵器の使用によると思われる後遺症が多くみられた。

「湾岸戦争（わんがんせんそう）Gulf War　イラクのクウェート侵攻によってひきおこされた一九九一年一～二月の、アメリカ軍を主力とする多国籍軍とイラク間の戦争。九〇年八月にイラクがクウェートを侵略、占領したことに対し、八～十一月、国連安全保障理事会は、経済制裁をはじめ、九一年一月十五日までにクウェートからの無条件撤退をもとめた一連の決議をくだした。そして、アメリカ、サウジアラビア、イギリス、エジプト、シリア、フランスなどから構成された約五十万人の陸・海・空の多国籍軍が編成された。一方のイラク軍は、推計五十四万人を戦闘配備した。」

（Microsoft（R）Encarta（R）99 Encyclopedia）

またこれまで東ティモールでは、住民の三分の一が殺されるほどの虐殺が行われてきたとされている。東ティモールはキリングフィールドと化しつつある。この虐殺はインドネシア軍とそれが操る自警団の集団であるといわれている。

戒壇に登るために、個人的な謗法罪、また以上のような、人類規模の謗法罪を犯したことに対する反省、即ち、人類の共業への懺悔をしなければならない。エゴイズムから一大秘法たる妙法五字への帰命即ち、人類総和による世界平和・環境保全・世界成仏への思想転換の準備をしなければならない。

懺悔の後は妙法五字を受持し、仏願仏業を己の使命とし、宗門主導のお題目の広宣流布と環境保護運動、立正世界平和運動に挺身することを誓わせる。即ち、懺悔滅罪とは、戒壇立踏前の正法への思想転換であり、その準備行動である。

二、戒壇立踏

戒壇立踏とは文字通り、戒壇に登壇することであるが、単にそれは、戒壇に登ることのみならず、一～四のすべての過程をも象徴し、その本質においては、金剛宝器戒たる妙法五字の受戒と、本門の本尊への帰命をその内容とする。また戒壇立踏とは、この現象世界の戒壇に登るのみならず、受戒の後、戒壇と一体化された霊山浄土、大曼荼羅御本尊の世界へ入曼荼羅することでもある。

ここで、大曼荼羅界に入るとは、日女御前御返事によれば、

「此等の仏、菩薩、大聖等、総じて序品列坐の二界八番の雑衆等、一人ももれず此御本尊の中に住し給ひ、妙法五字の光明にてらされて本有の尊形となる、是を本尊とは申す也。」

（日女御前御返事　定遺一三七五頁）

とあるように、大曼荼羅の中尊に位置する妙法五字の光明に照らされて入曼荼羅の行者が本有の尊形となる、即ち成仏するということである。

ところで、精神分析により無意識の領域を明らかにしたC・Gユングが、一般的に曼荼羅に関して、

「その意味ではマンダラはとくに、方向喪失・パニック・混乱した心の状態のすぐ後によく現われる。つまりマンダラは混乱を秩序へと移すという目的を持っているのである。（中

略）いずれにせよそれは秩序・平衡・全体性を表現している。」

（『個性化とマンダラ』C・Gユング　みすず書房）

というのと同様に、この日女御前御返事にいう成仏は、妙法五字の光明という教法による精神の秩序の回復による成仏というニュアンスの強い形態といえる。すなわち、謗法思想に対する懺悔の後に、正法に帰依して行動するという精神規範の回復を意味する。

法華経の行者が大曼荼羅のどこに入るかというと、

「此御本尊も只信心の二字にをさまれり、以信得入とは是也。日蓮が弟子檀那等『正直捨方便不受余経一偈』と無二に信ずる故によ（依）て、此御本尊の宝塔の中へ入るべきなり。たのもし、たのもし。如何にも後生をたしなみ（嗜）給ふべし、たしなみ給ふべし。穴賢。南無妙法蓮華経とばかり唱へて仏になるべき事尤も大切也。信心の厚薄によるべきなり。仏法の根本は信を以て源とす。」

（日女御前御返事　定遺一三七六頁）

と聖文にあるように、妙法蓮華経（曼荼羅）を信唱受持する法華経の行者は、南無妙法蓮華経と書き顕されて、大曼荼羅の中尊の宝塔のなかに入曼荼羅し、さらに大曼荼羅御本尊の全体を具足し成仏する。

「総じては如来とは一切衆生なり。別しては日蓮の弟子檀那なり。されば無作の三身とは、末法の法華経の行者なり。無作の三身の宝号を南無妙法蓮華経と云ふなり。」

（御義口伝　定遺二六六二頁）

即ち、行者は戒壇で本門の題目を信唱受持し、戒壇を入り口として大曼荼羅本尊の世界に入り一体になる。つまり行者は三秘を具足することにより、一大秘法の妙法蓮華経と完全一体化する、つまり南無妙法蓮華経と書き顕せられる本仏となる。

これらの成仏は法華経の行者を智慧として大曼荼羅を境とする境智冥合による即身成仏である。

この入曼荼羅の行者は、大曼陀御羅本尊を己心に具足させて、即身成仏の仏となって曼荼羅世界から、戒壇を通して娑婆世界に立ち返ってくる。即ち、祖文には、

「此の御本尊全く余所に求むる事なかれ。只だ我等衆生、法華経を持ちて、南無妙法蓮華経と唱うる胸中の肉団におはしますなり。是れを九識心王・真如の都とは申す也。」

（日女御前御返事　定遺一三七六頁）

とある。

三、自誓受戒

受戒とは、文字通り戒を受けることであるが、金剛宝器戒を受戒するときは必ず、生身の和尚として霊山浄土から釈迦牟尼如来が来臨される。

「受戒に必ず三師、一証、一伴なり、已上五人なり。三師とは一は生身の和尚は霊山浄土の釈迦牟尼如来なり。響の音に応ずるが如く清水に月の移るが如く、法華経の戒を自誓受戒する時必ず来り給ふなり。」（本門戒体抄　定遺一七二三頁）

即ち、受戒とは本質的には、個人の内面的行為であるが、法華経の行者の己心が本仏の己心と一体になることにより、その場である戒壇自体が大曼荼羅世界、霊山浄土と一体化するのである。

ここにおいて、受戒の行者は、妙法五字を持つのであるから、

「釈尊の因行果徳の二法は妙法蓮華経の五字に具足す。我等此の五字を受持すれば自然に彼の因果の功徳を譲り与へたまふ。（中略）釈迦、多宝、十方の諸仏は我が仏界なり。其跡を招継して其の功徳を受得す。」（観心本尊抄　定遺七一二頁）

と宗祖が述べられているように、因行果徳の二法という宇宙本仏の悠久の進化の歴史と、その意志が具足する妙法蓮華経の五字の宇宙の遺伝子を受持することにより、我ら衆生は御本仏の仏位を相続し、即身成仏するのである。したがって、我らは人類救済の仏の本願をも相続し、自らの誓願とする。そしてその内容は、日蓮宗門が主導する「日蓮聖人立教開宗七五〇年誓願お題目からはじまる」のお題目総弘通運動の誓願そのものとなる。

即ち「南無妙法蓮華経の御仏の光を日本中へ、そして、世界の人々に」の誓願である。

「日蓮宗は、平成十四年に立教開宗七百五十年を迎えるこのとき、日蓮聖人の願われた『立正安国』の理想を、日本そして世界の人々に提唱しています。

インドに誕生された釈尊は、あらゆるものを救おうと誓い、仏教の根本、唯一の真理である妙法蓮華経を説かれ、七百五十年前、日蓮聖人は、この教えを受けつぎ、清澄山で初めて法華経のお題目を唱え、弘められました。

私たち一人ひとりがこのお題目を仰ぎ、唱え、伝え、人類が等しくみ仏の子であることに目覚めるとき、家庭が、社会が、そして世界全体が仏国土としてよみがえるのです。

すべての人と国とが真理を重んじ互いに敬い、ともに生きることにより、私たちの未来は輝かしいものとなるでしょう。

今、地球的規模の危機の時代を迎え、日蓮宗は立正安国の誓願を新たにし、その実現をめざして、檀信徒の皆さまとともに邁進しているのです。」（日蓮宗『誓願パンフレット』）

このことから、宗立戒壇を作ることが必然的要請となる。

二十世紀は戦争の世紀として、捉えられている。十六世紀から二十世紀までの五世紀の間の世界中の戦死者数の合計は、四千六百十二万人であり、その三分の二が二十世紀の戦争によるといわれている。宗門では、一九九九年五月十二日にオランダのハーグで開かれたＮＧＯ主催による世界市民平和会議「ハーグ平和一九九九」に日蓮宗宗務総長の平和メッセージをおくっている。日蓮宗はすでに平和を誓願しその行動を起している。

四、受職灌頂

受職灌頂とは、インドにおける王位継承の儀式であり、前王より新王の頭頂に四大海の水を灌ぎ、王位を継承していく作法である。仏教においては国王の即位の儀式にならって、法王の位に上る菩薩に灌頂し、これを認承する儀式である。またその位を受職位という。受職とは、菩薩の修行をしつくして、初めて妙覚の仏位を得ること。即ち祖文には、「受職とは因位の極際に始めて仏位を成ずるの義なり。」（得受職人功徳法門抄　定遺六二五頁）とある。天台では、五十二位のなかの等覚の位から妙覚に進むとき受職をする。つまり菩薩行の究極にいたるまで受職は許されないのであり、これでは万民のものとはならないのである。

しかし、日蓮仏教においては、法華経、お題目を信じ持つだけで受職を許されるのである。即ち、受職とは凡夫のままで仏の位を受けとることである。

「此受職に於て諸経とは今経との異りあり。余経の意は等覚の菩薩、妙覚の果位に叶ふの時、他方の仏来つて妙覚の智水を以て、等覚の頂に灌ぐを受職位の灌頂と云ふなり。（中略）次に法華実経の受職とは、今経の意は聖者よりも凡夫に受職し、善人よりも悪人に受職し、上位よりも下位に受職し、乃至持戒よりも毀戒、正見よりも邪見、利根よりも鈍根、高貴よりも下賤、男よりも女、人天よりも畜生等に受職し給ふ経なり。故に未断見思の衆生の我等も皆悉く受職す。故に五即五十一位共に受職灌頂の義あり。釈に云く『教弥よ権なれば位弥よ高く、教弥よ実なれば下れり』と云ふは此の意なり。」

（得受職人功徳法門抄　定遺六二五—六頁）

法華経の教えは高いがゆえに、一切衆生、機根の低いものまで救済できるのである。

「釈迦既に妙法の智水を以て日蓮の頂に灌いで面授口決せしめ給ふ。日蓮又日浄に受職せしむ。受職の後は他の為に之を説き給へ。経文の如くんば如来の使なり。如来の所遣として如来の事を行ずる人なり。」

（得受職人功徳法門抄　定遺六二九頁）

この祖文は、日蓮大聖人が釈迦如来に直接、妙法の智水を頂き仏位を成じたる如来の所遣であるという確信に立たれ、その確信のもとに最蓮房日浄に受職灌頂されたのである。

日蓮大聖人の受職灌頂の法門は、一切衆生に開かれた、しかも本質的な仏位相続の儀式である。

五、血脈相承

本門の本尊、大曼荼羅が、戒壇を現象世界への顕現の核として地球全体が浄仏国土、大曼荼羅界となったとき、始めて本門戒壇を中心とする妙法蓮華経の世界が成立する。

「三国並びに一閻浮提の人懺悔滅罪の戒法のみならず、大梵天、帝釈等も来下して踏給ふべき戒壇なり。」

（三大秘法稟承事　定遺一八六四頁）

というのが大聖人の全世界を成仏させる、浄仏国土化する戒壇教義の位置づけである。血脈相承の前に、懺悔滅罪によって人類がその発生以来、犯してきた謗法罪の懺悔を行ない、その精神浄化の上に、寿量御本仏の仏子であるという信仰を確立する。そのうえに人類救済の誓願をなし、仏位を相続して、寿量御本仏の血脈を相承するのである。

「過去に法華経の結縁強盛なる故に、現在に此の経を受持す。未来に仏果を成就せん事疑ひあるべからず。過去の生死、現在の生死、未来の生死、三世の生死に法華経を離れ切れざるを、法華の血脈相承とは云ふなり。謗法不信の者は『即断一切世間仏種』とて、仏に成るべき種子を断絶するが故に、生死一大事の血脈これなきなり。総じて日蓮が弟子、檀那等、自他、彼此の心なく水魚の思ひを成して、異体同心にして南無妙法蓮華経と唱へ奉る処を、生死一大事の血脈とは云ふなり。然も今日蓮が弘通する所の所詮是れなり。」

（生死一大事血脈抄　定遺五二三頁）

法華経の血脈相承は、時間軸のうえで我々人類の発生が近年、遺伝子学上いわれるように、同一の起源を持ち、その命の系譜が連綿と切れないように、個々の生命を一つの大きな妙法蓮華経の生命の目的の下、即ち成仏・進化という目的の下、生命の系譜を再び久遠の命につなぐことである。それは、空間的には個々の生命が妙法蓮華経の大調和の理想の下に真に和し、異体同心を以て人類一切衆生という大きな生命のサンガ、和合体を作り上げることが法華経の血脈相承であり、これこそ日蓮大聖人が生命をかけられた弘通の大目的である。

「謹しんで此等の文意を案ずるに、釈迦如来霊山事相の常寂光土に於て、本眷属上行等の菩薩を召し出して、付属の弟子と定め、宝塔の中の多宝如来の前に我が十方分身の諸仏を集め、上の証人と為て結要の五字を以てこれを付属す。」

（法華宗内証仏法血脈　定遺六九三頁）

慧解脱の門である外相承によって、学的帰結を法華経に帰し、内相承として、法華経本門寿量品の文底の観心、一念三千の事観、一大秘法たる五字仏種を霊山一会厳然未散の神秘世界においで、釈迦牟尼仏より結要付属の相承する。戒壇立踏とはかかる神秘なる血脈相承に列なることである。金剛宝器戒受戒の行者は、ここで仏位相続し、仏願仏業に生きる。

第五章　戒壇の原理

一、一大秘法に対する、本門の戒壇の意義

本門の戒壇を終信門とする三大秘法は、一大秘法に対する行法門であり、一念三千の仏種の三業受持であるから、一念三千を納めた妙法五字に南無を冠した形をとる。この三大秘法は、悉く成仏を目的として、宇宙構造たる仏陀観である一大秘法から割りだされてくる。本門の題目は、即身成仏の祈りであり、本門の本尊は、即身成仏の悟りであり（悟りのビジュアル化でもある）、本門の戒壇は、即身成仏の行いである。

南無妙法蓮華経について日蓮大聖人は、次のようにご教示なされている。

「御義口伝に云く、南無とは梵語なり、此には帰命と云ふ。人法之れ有り。人とは釈尊に帰命し奉るなり。法とは法華経に帰命し奉るなり。又云く、帰とは迹門不変真如の理に帰するなり。命とは本門随縁真如の智に命するなり。帰命とは南無妙法蓮華経是なり。」

（御義口伝　定遺二六〇五頁）

即ち「南無」とは帰命することである。帰命とは、私たちが生命の本源に帰依することであり、それが久遠本仏への帰命である。不変真如とは、無相に密在する本仏の生命を自己の生命の本源とすることであり、随縁真如とは、その本仏の生命を有相に顕在することである。その両者にわたる生命を自覚して生きることが、一大秘法の妙法蓮華経に帰命することである。

より実践的には、主・師・親、三徳を合わせ持つ唯一絶対の寿量御本仏に対し、従・弟・子の三道をもって生きることである。

この三大秘法は、教主大覚世尊より日蓮大聖人が霊山浄土において直接相承された成仏のための行法であると記述されている。

「此の三大秘法は二千余年の当初地涌千界を上首として、日蓮慥に教主大覚世尊より口決せし相承なり。今日蓮が所行は霊山の稟承に芥爾計りの相違なき、色も替はらぬ寿量品の事の三大事なり。」（三大秘法稟承事　定遺一八六五頁）

即ち戒壇は、法華経神力品の会座において大聖人が久遠本仏より直接授かった成仏得脱のための行法なのである。

また、三大秘法は成仏のための行法であるから、根本仏教における成仏のための行法即ち三学に配当されて成立している。学とは教訓の意味であり、修道の義である。したがって、三大秘法とは、一大秘法の功徳受持の修道方法である。

一、戒学……戒律

二、定学……禅定

三、慧学……智慧

根本仏教において、戒学が成仏のために不可欠な修行であったように、この本門の戒壇の行法なくしては、真の日蓮大聖人の宗教は成立しない。戒壇の真の意味の解明なくしては、三秘具足の正信は成立しないのである。

即ち、日蓮大聖人の仏教の行法は、成仏を目的とする三大秘法であるが、そのいずれもが南無妙法蓮華経のお題目である。

日蓮大聖人の仏教における戒壇は、本門の妙戒たるお題目の五字の信唱受持によって、大曼荼羅界に入り即身成仏し、本仏の仏位相続をし、本仏の活現体として、一切衆生を救済するための菩薩行に入ることを誓願する儀式を行うための場所である。そしてその救済実現の場が地球上と宇宙である。

ここで重要なのは、事の戒壇という現実の戒壇が建立されることによって、現実世界において初めて三大秘法が成立し、三業受持の行者が現実に成仏し、三秘が現実に一体化する。この戒壇という現実の場所での三秘の一体化は、同時に神秘世界と娑婆世界の一体化でもあり、世界成仏を促進させる。即ち、娑婆世界の仏国土化を加速させるのである。

二、戒壇の原理

一念三千

戒壇の原理は一念三千である。天台における一念三千は、成仏原理として己心に具足する三千世界（諸法）の実相を悟ることにある。即ち、止観行のなかで仏界に入ることにより成仏を目指す。それを理の一念三千という。これは、迹門的な個の成仏原理である。

「一念三千の観法に二あり。一には理、二には事なり、天台、伝教等の御時は理也。今は事也。観念すでに勝る故大難又色まさる。彼は迹門の一念三千、此は本門の一念三千也。天地はるかに殊也こと也と。」

〈富木入道殿御返事〈治病大小権実違目〉　定遺一五二二頁〉

日蓮大聖人の一念三千は、事の一念三千とされ、マクロコスモスの本仏の己心は、我ら凡夫の己心と一体不二であり、大宇宙は、その本仏の己心から展開創造され、またそれに具足しているという宇宙の展開原理である。

このことはさらに発展して考えると、一念三千は、宇宙の創造原理でもある。凡夫は、一念三千の原理にしたがって、とくに身の回りの環境に創造活動を加え、自らも創造的進化を遂げていく。環境、一切衆生の進化・発展・調和がミクロコスモスの成仏であり、マクロコスモスの成仏でもある。この事の一念三千は、そのまま妙法蓮華経の五字であり、本仏己心である一大秘法の五字から久遠の昔、大宇宙は創造されたのである。天体物理学のビッグバン理論はこの宇宙創造をよく説明している。

ビッグバン理論は、ロシア生まれのアメリカ人物理学者ガモフが一九四八年に発表したものであるが、これは、宇宙は一五〇億年前、高温・高密度の状態から爆発的に膨張して今にいたったとする宇宙論である。この爆発は時間も空間も物質さえもない一つの点、即ち特異点から始まったとされるが、この爆発前の宇宙の状態はまさに主客合一、物質も精神も時空間さえもが一点に合一している。これがまさに宇宙という仏の境と智が冥合しているオリジナルな状態である。宇宙は境智冥合の一点、一者から膨張発展し多数存在となり、創造された。

一大秘法は、開出され三大秘法として行者の身口意三業に受持され、行者の己心を通して密在の世界から現証の世界に顕現される。ミクロコスモスによる宇宙環境の再創造である。即ち一大秘法受持の行者の全人格的行為による環境再創造、娑婆世界の仏国土化が戒壇の目的である。この一大秘法の戒壇における受持により仏界と九界が合一され、一つの浄土となる。即ち心から宇宙は創造され、戒壇とは宇宙再創造の拠点なのである。

三、戒壇の原理である一念三千の現代科学理論からの解明

「今本時の娑婆世界は三災を離れ四劫を出でたる常住の浄土なり。仏既に過去にも滅せず未来にも生せず、所化以て同体なり。此れ即ち己心の三千具足の三種の世間なり。」

（観心本尊抄　定遺七一二頁）

本仏己心、即ち一大秘法の妙法蓮華経の五字から、一念三千の原理によって世界が顕現している。この一大秘法の妙法蓮華経の五字（金剛宝器戒）は、ＤＮＡ（仏種）の概念でよく理解され、この一念三千の原理は、現代科学の概念では、ホログラム（十界互具）、明在系と暗在

系、宇宙のフラクタル構造等の概念でよく説明される。

つまりＤＮＡ（仏種論）からは、一大秘法の過去の生命情報の集積と、その進化した形での情報整理を良く理解することができ、ホログラム（十界互具論）を以てすれば、その現象世界の展開、創造を理解しうる。

一大秘法（九識・仏性）は、宇宙の根源的エネルギーそのものであるが、創造の意志を持った本仏の己心であり、ＤＮＡ的に宇宙本仏の遺伝子として行者の口に唱えられ、心に下種される時、即ち金剛宝器戒として行者に具足される時、戒壇を現象世界の原型的な場として密在の仏界が現象世界に顕現される。己心に具足する大宇宙生命たる大曼荼羅御本尊が、現象世界にホログラム的に展開される。即ち、暗在系にたたみこまれている本尊およびその浄土の設計図が、凡夫の己心を通じて三秘の受持により明在系という現象世界に実現される。

●明在系と暗在系

ここで、明在系と暗在系について概略しておきたい。この宇宙は二重構造になっていて、私たちの存在する物質的宇宙の背後にもう一つの視覚に映らない宇宙が存在する。目に見える物質的宇宙を明在系（explicate order）、目に見えない宇宙を暗在系（implicate order）という。暗在系には、明在系のすべての物質・精神・時間・空間などが不可分にたたみこまれている（デビッド・ボーム『ニューサイエンスと気の科学』参照）。ここで、explicate orderとは、開示された自明な秩序、即ち私たちが知り得る秩序のことである。また、implicateとは、巻き込むという意味であり、implicate orderとは、目に見えない秩序「内在秩序」のことである。

●宇宙のフラクタル構造

宇宙は、大宇宙からミクロの宇宙、原子の世界にいたるまで相似的な構造をしている。即ち、太陽の周りを惑星が公転する姿と原子核の周りを電子が回っている姿は、とてもよく似ている。これを宇宙のフラクタル構造という。即ち、ロシアの入れ子人形であるマトリョーシカのような構造をしているのである。なぜ大宇宙がこのようなフラクタル構造をしているかといえば、三千世界宇宙の全存在は、同一の御本仏の顕現だからである。

即ち御本仏たる一大秘法と本門虚空会、そしてその儀相によって顕された大曼荼羅御本尊、戒壇そして人類、現象世界がフラクタル構造をしているのである。

このフラクタル構造は宇宙の構造のみではなく、その顕現、創造、発生のプロセスについてもいえる。即ち、大宇宙は、ビッグバンによる大爆発・分裂によって創造され、人も卵子と精子の結合からの細胞分裂によって人として生まれる。しかも固体発生は系統発生を繰り返すといわれるように、人は、その母の胎内においてその生物としての進化系等を繰り返し、アメーバ状態から魚類等の状態を経て人の姿となる。

●DNA

現代生物学による会通を試みると、遺伝子の本体は、ＤＮＡ（デオキシリボ核酸）とされ、その分子構造のなかに遺伝的形質を支配する状況を含んでいる。ヒトの受精卵はＤＮＡ中の塩基の配列による情報にしたがって、ヒトへと発生していく。妙法五字の仏の遺伝子は、その宇宙の仏の構造を遺伝情報としてそのなかに含み、信唱受持によって、法華経の行者の心田に下されるとき、下種即脱して行者は即身成仏する。即ち宗祖は、「末法の始に妙法蓮華経の五字を流布して、日本国の一切衆生が仏の下種を懐妊すべき時也。」（呵責謗法滅罪抄　定遺七八六頁）と仰せられている。

つまり、観心本尊抄に、

「釈尊の因行果徳の二法は妙法蓮華経の五字に具足す。我等此の五字を受持すれば自然に彼の因果の功徳を譲り与へたまふ。（中略）釈迦、多宝、十方の諸仏は我が仏界なり。其跡を招継して其の功徳を受得す。」

（観心本尊抄　定遺七一一頁）

と宗祖が仰せられているように、我ら衆生は御本仏の仏位を相続し、即身成仏するのである。ここで仏種とは、仏即ち大宇宙の遺伝子を含む種子である。ところで、この仏の遺伝子を現代科学の立場からさらに考察してみると、妙法蓮華経五字の仏の遺伝子には大宇宙の進化の情報がすべて含まれていることになる。

●ゲノム　Genome

遺伝子を含む染色体のひとそろいであるゲノムには、進化の情報がすべて含まれている。ここでゲノムとは何かというと、次のように説明されている。

「ゲノム　Genome　ある生物種が成立するのに必要最小限の遺伝子を含む染色体のひとそろいをゲノムという。配偶子（半数体細胞）に含まれる染色体の全体と事実上同じものを意味する。精子や卵子以外のふつうの体細胞（二倍体細胞）はゲノムを二組もっていることになる。ことなる種間でのゲノムを比較して、生物種の類縁の近さを知ろうとする研究をゲノム分析という。木原均がゲノム分析（実際には染色体のタイプと本数の比較）によって、コムギの祖先種をつきとめた研究（一九三〇）は有名である。また最近では、遺伝子工学の技術を利用して、ヒトゲノムやイネゲノムを完全に解析する計画がすすめられている。」

（Microsoft(R) Encarta(R) 97 Encyclopedia 参照）

ＤＮＡのセットである「ゲノム」は、ヒトの場合、常染色体二十二本とX染色体、Y染色体の計二十四本の染色体（つまり二十四本のＤＮＡ分子）に含まれる約三十億対のＤＮＡの塩基配列であるとされている。ゲノムを解析すると、遺伝子情報だけではなく、その生物の進化の過程、起源となった生物、ＤＮＡ上の過去に生じた変化等を、すべて明らかにすることができる。ヒトのゲノム解析は二〇〇五年までには完了するとされていたが、二〇〇〇年にアメリカ大統領のクリントンによって解析完了の宣言がなされた。これは、アメリカ、日本、ヨーロッパなどの国際協力によって進められており、この解析が真に完了すると、ヒトがどんな生物から進化し、どのような経緯を経てきたかという、壮大な生命の歴史ドラマが明らかになる。

(『ニュートン』一九九七年十一月号参照)

一大秘法の妙法蓮華経の五字は、本仏という大宇宙の空間的総体であると同時に、無機物からアメーバ、そして人類にいたるまでの大宇宙生命の進化の時間的総体たる仏種である。

このところを、宗祖は、先ほどの観心本尊抄に、

「釈尊の因行果徳の二法は妙法蓮華経の五字に具足す。我等此の五字を受持すれば自然に彼の因果の功徳を譲り与へたまふ。(中略)釈迦、多宝、十方の諸仏は我が仏界なり。其跡を招継して其の功徳を受得す。」

(観心本尊抄　定遺七一一頁)

と仰せになり、因行果徳の二法という宇宙本仏の悠久の進化の歴史が、妙法蓮華経の五字に具足することを私どもにご教示くださっている。

すべての生命の身口意三業は、宇宙生命体のDNAたる妙法蓮華経の五字即ち一大秘法に情報として記録され、宇宙総体の進化を構成、展開していく。

●ホログラフィー　Holography

ここで、ホログラフィーについて説明すると、

「ホログラフィー　Holography　三次元の写真画像をつくる方法。レンズをつかわないため、レンズレス撮影法ともいう。ネガはホログラムとよばれる。

ホログラフィーの原理は、一九四八年にイギリスの物理学者デニス・ガボールが考案した。実際にホログラフィーによる撮影がおこなわれたのは、六二〜六四年にかけてレーザーが開発されてからである。八〇年代後半にはマイクロ波やX線のスペクトラムをつかったホログラム、実際の色を写し出すホログラムが開発されるようになった。音波をつかった超音響ホログラムもある。」

(Microsoft(R) Encarta(R) 97 Encyclopedia 参照)

このホログラフィー的宇宙モデルを提唱した人にカール・プリグラムがいる。カール・プリグラムは、スタンホード大学の教授を勤めたほどの有名な大脳生理学者であるが、彼はそれまでの機械論的な脳のモデルからホログラフィー的脳のモデルを提唱した。それは、脳の全体にホログラフィー的にたたみこまれている記憶が存在するということを確認したからである。さらにこの考えを発展させて、ホログラフィー的宇宙モデルを彼は考えた。

宗祖は、このような部分に全体が備わるというような宇宙モデルについて、次のように仰せになられている。

「本門にいたりて、始成正覚をやぶれば、四教の果をやぶる。四教の果をやぶれば、四教の因やぶれぬ。爾前迹門の十界の因果を打ちやぶ（破）て、本門十界の因果をとき顕はす。此れ即ち本因本果の法門なり。九界も無始の仏界に具し、仏界も無始の九界に備りて、真の十界互具、百界千如、一念三千なるべし。」

（開目抄　定遺五五二頁）

つまり、全体が部分にたたみこまれている。あるいは、部分に全体が備わる（一念三千）という。つまり互具するという宇宙構造において、物質・精神・時間・空間から構成される大宇宙はホログラフィー的に妙法五字にたたみこまれており、妙法蓮華経の五字は大宇宙の仏種である。またその宇宙、時空間は、妙法蓮華経の五字からホログラフィー的に展開している。したがって金剛宝器戒たる妙法蓮華経の五字を南無と受持することは、大宇宙そのものを受持することにほかならない。つまり、戒壇の原理一念三千は成仏原理であり、宇宙の構成・展開原理であるから、現代科学とくにその宇宙論からよく会通されるのである。

本門戒壇の目的

本門戒壇の目的とは、大曼荼羅御本尊に示される以下のことを一大秘法の受持によって、我々の現実娑婆世界に実現することである。つまり仏願の成就にその目的がある。

目的を整理すると、次のようになる。

仏の統一　　　本門寿量御本仏

法の統一　　　一大秘法、お題目、妙法蓮華経

成仏の統一　　お題目の信唱受持（下種結縁）仏位相続即身成仏

　　　　　　　倶体倶用、異体同心、総和の成仏

土の統一（通一仏土）　本国土妙娑婆世界、娑婆即寂光土

日蓮大聖人の願いは、世界を本縁国土・日本を中心とする通一仏土の世界浄仏国土にすること、つまり大曼荼羅御本尊の有相化を目指されている。即ちそれは、本仏の理想の顕現という全体成仏の実現にある。

「本有の霊山とは此の娑婆世界なり。中にも日本国なり。法華経の本国土妙娑婆世界なり。本門寿量品の未曽有の大曼荼羅建立の在所なり」（御講聞書　定遺二五四九頁）

戒名問題

現代の戒名料への批判に戒壇論から答える

近年マスコミをにぎわしている、仏式葬儀費用の金額に付帯して批判されている戒名料の問題について考えてみる。

新聞記事によれば、仏式の葬儀で不満に感じるのは、葬儀費用・戒名料・寄付金など金銭にからむ問題が上位を占める。こんな傾向が、僧侶ら有志による民間グループ『二十一世紀の仏教を考える会』(東京)が仏式葬儀についての不満や提言を一般から募集、回答を集計した結果わかった。同会では調査結果を冊子にまとめ、希望者に配布するという。

昨年十二月から今年五月にかけて募集。北海道から長崎県まで計三十六都道府県から手紙やはがき、ファックスで一三四件が寄せられた。

不満のなかで最も多かったのは「葬儀費用」で、「法事を含め、高額で不明瞭」といった意見が三十八件だった。ついで「戒名料」で、「高額のうえ、金額設定が不透明」などとする意見が三十三件。三番目が「寄付金」で「寺院は檀家に寄りかかり過ぎている」などという意見が二十五件あった。

上位はいずれも金銭がからむ問題。不満を寄せた人のなかには高齢で年金暮らしの人が少なくなかった。財産など蓄えの少ないこうした人たちも、「地域の相場」として一律にお布施などを請求されたという。こうした僧侶の対応が金銭にからむ不満の数を押し上げたようだ。四番目以降は「僧侶に思いやりがなく、真剣さが不足している」（二十四件）、「金額で死後の位が決まる戒名は差別」（二十二件）の順。やはり僧侶に対する不信が伺える。」（『読売新聞』一九九九年八月二五日）

とあるように、戒名料に対する不満が多い。その内容は、「金額設定が不透明、地域の相場」として一律にお布施などを請求された。「金額で死後の位が決まる戒名は差別」などだが、その不満の元は、

1、戒名の意義が、よく説明されないままに料金のみ請求されることによる。

2、戒名は日蓮宗の教義の上、生前から戒壇立踏し授けられるべきなのに、死後のみ授与されることが多い。

3、金額により位が上下する。

などである。これらの不満は、戒名の本来の意義と機能が喪失しつつあるにもかかわらず、その名目と戒名料のみ残っていることによる。また、それは出世間法の事柄・考えを、世間の考え・金銭感覚で判断しようとするところから生じる不満でもあるので、これらの問題は、戒名等の真意義をよく説明してあげることにより解消されるだろう。

これらの不満を解消するためにも、本門の戒壇を建立し、戒名の意義を明らかにし、生前戒名を授与し、リーズナブルな金額の寄付として勧募すべきである。戒名料とは、金剛宝器戒を受戒し、仏位相続し、仏願仏業に生き、久遠本仏からの血脈相承譜に入ることに対する感謝と喜びの献金であるべきである。

むすび

近年、本仏とその仏意に反する謗法的思想が蔓延している。地球的規模で民度は低下し、犯罪の多発、環境破壊、戦争により世界は混迷している。この混乱から人類を救済するため、すべての人を戒壇において受戒させねばならない。人類の魂を今一度その命の発生母体たる妙法蓮華経の御本仏に帰し、本仏の仏位から再出発させねばならぬ。即ち、人々に仏願仏業に生きることを誓願させ、個人個人を成仏させるとともに、その総和による社会・国家・世界の成仏を期するべきである。その仏位継承、誓願の場が本門の戒壇である。また戒壇を核とした総和による国土成仏、世界成仏の達成が日蓮仏教の最終目的である。現象世界における事の戒壇の建立なくしては、真の三秘具足の即身成仏が成立しえないから、戒壇なくしては人類救済はなしえない。日蓮仏教における成仏得脱のための行法である三大秘法が、真に具足される成仏完成の場が戒壇である。

この戒壇における受戒、誓願によって、金剛宝器戒受持の行者は、入曼荼羅し本仏と一体化し、さらに本仏を自らに内包し現象界を生きることができる。このとき行者を通し本仏の理想は、事相に顕現される。さらに人類が、総和して一大秘法の信唱受持により異体同心すると、本仏が直接現象世界に再顕現する。このところを宗祖日蓮大聖人は、

「天下万民諸乗一仏乗となりて妙法独り繁昌せん時、万民一同に南無妙法蓮華経と唱へ奉らば、吹く風枝をならさず、雨土くれ（壊）をくだかず、代はぎのう（羲農）の世となりて、今生には不祥の災難を払ひ長生の術を得、人、法共に不老不死の理を顕さん時を各各御らん（覧）ぜよ。現世安穏の証文疑ひあるべからざる者なり。」

（如説修行抄　定遺七三三頁）

とご教示されている。

本仏世界の現象世界における象徴的表現である戒壇は、本門事の戒壇として本仏世界の現象界における顕現の核となる。戒壇がひとたび建立されると、「グリセリンの結晶化」や、「百匹目のサル」の話のように一大秘法の受持は、速やかに全人類に広がり、一天四海皆帰妙法が時間をおかずに達成されるであろう。

物事の始まり、創造の初めには、必ずその核が不可欠である。一例を挙げると、二五〇年前に天然脂肪からグリセリンが抽出され、無色で甘味のある油性の液体ができた。そして医療用潤滑油として、さらには爆発物の製造用に使用された。グリセリンを結晶化させようとあらゆることをしても、グリセリンは頑として液状のままで、固体グリセリンはないのだと思われた。ところが二〇世紀初頭、ウィーンの工場からロンドンの得意先に運ばれる途中の一樽のグリセリンが、まったくの偶然により結晶化した。

ある二人の科学者が、その結晶を郵便で受け取り、グリセリン試料を使った実験で結晶化に成功すると、間もなく実験室にあったほかのすべてのグリセリンが自然発生的に結晶化し始めたのである。ふたりは論文のなかでこの出来事を報告した。そうして、今日までに世界各地で同じような無作為の変態が起こった結果、グリセリン結晶はもはやありふれたものとなった。

有機化学では、昨日までありえなかったことが今日はこともなげに起こる。ひとつには新技術の導入があるが、さらには新たな精神構造のなせるわざともいえる。物理的なシード（種子）があるとグリセリンは結晶化する。だが、この過程が容易に起こるようになった理由の一部に、もうひとつ、新たな姿勢というか、ものの見方が関与しているように思える。一種の精神のシード（種子）である。（ライアル・ワトソン『生命潮流』要約）

つまり、浄仏国土化の核である本門戒壇ができ、人類がこの娑婆世界こそ仏国土と成るべきところであるとの認識を持てば、その認識が精神的種子となって総和の成仏が完成し、浄仏国土が実現するということである。

一天四海皆帰妙法、戒壇思想の普及は、お題目の信仰がある程度の人数になると爆発的に普及すると思われる。

「百匹目のサル」という話がある。九州の東岸から少し沖へ出た幸島というところにニホンザルの行動研究のために隔離されたコロニーがあるが、ここで一九五二年のこと、サルの群の行動範囲のある場所に食糧ステーションが設置され、いろいろな人工食料を与えたところ、サルはそれらに適応し食事のレパートリーを増やした。ところが、砂や砂岩にまみれた生のサツマイモを渡したところ、それにうまく対処することが困難であった。

そのとき、一種のサルの天才ともいえるイモという名の一八カ月のメスが問題を解決した。サツマイモを水流まで運んでいって食前に洗うことを思いついたのである。イモは、それを遊び仲間たちにも教え、そのサルたちがこれを受けて母親たちに伝えた。この新文化は少しずつ、一歩一歩、コロニー全体に広がっていった。一九五八年までには若いサルたちが全員、汚れた食物を洗う習慣を身につけたが、五歳以上の成熟したサルではそうしていたのは子どもたちから直接に真似しておぼえたものに限られていた。異常が起こったのはそのときである。わかる範囲でいえば次のようなことが起こったらしい。

その年の秋までには、幸島のサルのうち数は不明だが、何匹かあるいは何十匹かが海でサツマイモを洗うようになっていた。イモが、さらに発見を重ねて塩水で洗うと、食物がきれいになるばかりかおもしろい新しい味がすることを知ったからである。仮にサツマイモを洗うようになっていたサルの数は九九匹だったとし、ある日、いつものように仲間にもう一匹の改宗者が加わった。だが百匹目のサルの新たな参入により、数が明らかに何からの閾値を超え、一種の臨界質量を通過したらしい。というのも、その日の夕方になるとコロニーのほぼ全員が同じことをするようになっていたのだ。そればかりかこの習性は自然障壁さえも飛び越して、他の島じまのコロニーや九州の高崎山にいた群の間にも自然発生するようになった。（ライアル・ワトソン『生命潮流』要約）

この話のように、戒壇の思想も、ある程度の人数の人々が心から信じることにより、全世界に爆発的に広まり、人類の共通認識となりうると予想される。

戒壇は、国土成仏、法界の成仏、現象世界の浄仏国土化の出発点となる現世における仏界である。この本門の戒壇とは、戒壇発展史の頂点に立つ発迹顕本された戒壇であり、この本門戒壇の目的は寿量御本仏の久遠の命による人類の開会、即ち人類の仏陀化と国土の開会、即ち娑婆の浄土化にある。換言すれば、本門虚空会において開顕された御本仏の現象世界への再顕現の場が本門事の戒壇である。つまり大曼荼羅世界と現象世界が一体化するところが戒壇なのである。世界仏国土化のプロジェクト・チームを作り世界人類救済計画を立て、現実に戒壇建立をすることこそが、日蓮大聖人の仏教の事行そのものであり、それが私たちに課せられた急務である。

以上は、拙論「本門の戒壇その現代的意義」に、日蓮宗霊断師会、戒壇委員のメンバーの研究を参照編入したものである。各委員に心より感謝を表します。

参考文献

望月信亨『望月仏教大辞典』世界聖典刊行協会
立正大学日蓮教学研究所編『昭和定本日蓮聖人遺文』本文中（定遺）と略記
日蓮宗霊断師会『日蓮聖人御遺文全』行道文庫
日蓮宗霊断師会『新日蓮教学概論』行道文庫
『論叢　行道』第四号（平成十四年二月）行道文庫
『教化学論集』第三号（平成十五年二月）日蓮宗宗務院
立正大学日蓮教学研究所『日蓮聖人遺文辞典』歴史編　身延山久遠寺
日蓮宗辞典刊行委員会『日蓮宗事典』東京堂出版
宮崎英修『日蓮辞典』東京堂出版

河村孝照・石川教張編『日蓮聖人大事典』国書刊行会
C・G・ユング『個性化と曼荼羅』みすず書房
Microsoft(R) Encarta(R) 97 Encyclopedia
Microsoft(R) Encarta(R) 99 Encyclopedia
『日蓮聖人遺文全集講義』ピタカ
湯浅泰雄・竹本忠雄編『ニューサイエンスと気の科学』青土社
ピーター・ラッセル『グローバルブレイン』工作舎
S・W・ホーキング『ホーキング宇宙を語る』早川書房
『ニュートン』ニュートンプレス
天外伺朗『ここまで来た「あの世」の科学』祥伝社
ジム・ラヴロック『地球生命圏―ガイアの科学』工作舎
ライアル・ワトソン『生命潮流』工作舎
『北海道新聞』平成十年五月十二日
中村　元『佛教語大辞典』東京書籍

中村元他『岩波仏教辞典』岩波書店
法華経普及会編『法華経並開結』平楽寺書店
山川智応『日蓮聖人の実現の宗教』浄妙全集刊行会
優陀那院日輝『本尊略辨』
金剛院日承『教機時国教法流布前後抄』
創価学会公式ホームページ
日蓮宗霊断師会『論叢　行道』本門戒壇特集

四　実践信行ノート

序

高佐日煌上人の新日蓮教学によって日蓮仏教の根本と概要が明らかにされたが、実践信行については今ひとつその帰趨《きすう》が私どもに明確に理解されていない現状があり、そのことによってお題目布教の実が上がってこなかったのが実情である。

その理由を考えれば、日蓮宗の実践信行とは、結局、一大秘法の受持から三大秘法の実践に帰するのであるが、宗門では三大秘法において本門本尊の理解の徹底を欠き、まして本門戒壇についてはその教義自体が明確にされてこなかった。三大秘法のうち、本門戒壇に立脚する実践信行の具体的イメージがわかなかったのである。三大秘法の本門の題目、本門の本尊、本門の戒壇は、それぞれ一大秘法への祈り、悟り、行いに配当される。ここで、行いに配当される本門戒壇の意義をつまびらかにすれば、自ずと実践信行の意義も明らかになるであろう。

本論においては『新日蓮教学概論』『誌上行学講習会』等に取材しつつ実践信行のアウトラインを提示し、今後の研究の資としたい。

本門の戒壇の意義と実践信行

本門の戒壇は、本門の題目・本門の本尊とともに三大秘密の法の一つであって、日蓮仏法の最重要法門であるが、大聖人のご在世において建立の機会にいたらず、万事を後人に託された。

自誓受戒

本門の戒壇というのは自誓受戒を行う道場の名称である。

これは本門虚空会において本化の諸菩薩が末法での法華経弘通を誓う儀式を、この娑婆世界に移すものであり、換言すれば、霊山浄土で行われた正法弘通による人類救済と娑婆浄土建設の誓いの儀式を、地上現実世界において再演する場なのである。ここで受戒者は釈迦仏の御魂である一大秘法を受持し、仏子として人類救済の仏願に生きることを誓う。即ち地涌の菩薩の自覚の儀式の場が本門戒壇である。それは霊的次元の誓いの儀式を娑婆という物質界次元に移すものであり、霊的次元、心の次元のものを娑婆に実現化するための重要な儀式の場ともいえよう。

日蓮大聖人の戒の定義は「信即戒」である。「信即戒」とは、「信ずること」が即ちそのまま戒の実体である。つまり、「一大秘法を信ずること」が戒、「第九識を信ずることが」戒、「自分を寿量御本仏の分霊、本覚仏と信ずること」が戒の根本であり、すべての行いはここから生まれる。それは、人間が自らを仏の現れであると知り、仏の行いをすることである。これから成仏して仏に成るのではなく、現に仏のいのちを得ているという事実を信ずる。我々人間こそ久遠の如来（仏さま）の生きた姿そのものであることを確信する。この人間存在の根本の真実に気づき信じることが戒の根本である。

自分がすでに仏であることに気づき、「我仏なり」という正しい「信」の世界に入れば、自分の行動がそのまま仏さまの行いとなる。生活そのものが自然と「戒」にしたがうことと同様となり、そこに改めて「戒」を受けたり、守ったりすることの必要がなくなる。「信」によってそのまま「戒」の生活ができるようになるのである。

これを大聖人は「信即戒」と仰せられた。この信に立てば、自分が決して仏以外の者とは疑えない、考えられないという境地に立つことができる。これが「金剛宝器戒」の境地である。

大聖人はこのことを次のようにご教示くださっている。

「此法華経の本門の肝心妙法蓮華経は、三世の諸仏の万行万善の功徳を集めて五字となせり。此五字の内に豈に万戒の功徳を納めざらんや。但此具足の妙戒は一度持ちて後行者破らんとすれども破れず。是を金剛宝器戒とや申しけんなんど立つべし。三世の諸仏は此戒を持ちて法身、報身、応身なんど何れも無始無終の仏にならせ給ふ。」

（教行証御書　定遺一四八八頁）

仏の子として、仏位相続人としてふるまうことを誓い奉るのが、本門の戒壇の本質的意義なのである。

懺悔滅罪

戒壇立踏の前に、自我我欲、自己保存の貪瞋痴の煩悩のままに生きる自分から、一大秘法（第九識）たる本仏の命に帰るための懺悔滅罪が要請される。この懺悔滅罪は、個人的な事柄の反省だけではない。つまり「私はこういう悪いことをいたしました、懺悔いたします」というだけでなく、この場合のさんげというのは「総懺悔」という意味に重点がある。

十界互具にして全人類の業を互いに共有する人類は、互いの業を共業として懺悔滅罪せねば真の懺悔にはいたらない。全人類の有史以来、この地球上に積み重ねてきた罪悪のすべてを自分のものとしてさんげするという意味での懺悔であり、「謗法懺悔、罪障消滅」という懺悔である。個人的な罪については大聖人は寛大である。大聖人は「浅き罪なれば自ら許して功徳を得させよ。深き罪ならば懺悔を増して信心をはげますべし」と仰せられている。浅き罪とは日常での人間的失敗、罪のことであり、全世界の人々が人類共有の罪と考える罪が深い罪である。

自分は全世界の一切衆生の親であり、主であり、生みの根本である寿量仏のいのちを顕す存在であり、その徳を奉ずるものであり、これに叛いてきた人類一切の罪を、自らの罪として深くこれを恥じ反省する。このような信に徹した気持ちにいたったときこそ、この戒律は成立をみる。ここに「信即戒」と呼ばれる「事の戒法」が成立するのである。誰がやったことでも自分の責任だと思う広い心、大いなるいのちを感得してこそ、始めて即身成仏することができるのだ。

以上本門戒壇こそ、個人の即身成仏、全体の総和成仏、立正安国、世界平和の基本であり、日蓮仏教実践の根本をなすべきものである。

この本門戒壇の実践は四誓の願の生活となる。

一、誓って南無妙法蓮華経の道を持ち奉らん
二、誓って南無妙法蓮華経の道を行い奉らん
三、誓って南無妙法蓮華経の道を護り奉らん
四、誓って南無妙法蓮華経の道を弘め奉らん

これは法華経の実践信行にほかならず、寿量本仏の所遣として如来の事を行ずる信行生活において その規範となるものであり、南無妙法蓮華経の道を持ち、行い、護り、弘めることについての祖意は明瞭である。道とは乗と同義であり、したがって「一乗妙法蓮華経を実践する」の義である。四誓の願は三大秘法を具体的に現したものといえる。

四誓の願に示される「道」とは「南無妙法蓮華経の道」のことである。

法華経の『方便品』に四仏知見が説かれている。

「諸仏世尊は衆生をして、仏智見を開かしめ清浄なることを得せしめんと欲するが故に世に出現し給う。衆生に仏智見を示さんと欲するが故に世に出現し給う。衆生をして仏智見を悟らしめんと欲するが故に世に出現し給う。衆生をして仏智見の道に入らしめんと欲するが故に世に出現し給う。」

（妙法蓮華経　方便品　第二）

この四仏知見のなかでも、大切なことは「道に入らしめる」ことであり、ここが最終最後の境地ともいえる。

実にこの「道」こそ、すべての人と人をつなぐ道であり、すべての人を一つにまとめあげる唯一の方法なのである。「道」によってのみ人と人が結ばれ、「道」がなければ、人と人とは結ばれない。仏の悟りといえども人間が存在し、人間の和合という結び付きがなければ力を発揮することはできない。したがって「道」を受け取らなければ、即ち「道」に入り、「道」として生活に行なわなければ何ら意味をなさないのである。

また法華経『如来寿量品第十六』には、

「道を行じ道を行ぜざるを知つて」「無上道に入り速かに仏身を成就することを」

とある。ここでいう道を行ずということが即ち実行なのである。「南無妙法蓮華経の道」も生活において実行することが原則である。

それでは「南無妙法蓮華経の道を持つ」ということの意義は何かということになる。

「持つ」とは

さて「持つ」ということであるが、この持つというのは受け持（たも）つ、受持ということである。

「此経をききうくる人は多し、まことに聞受る如くに大難来れども憶持不忘の人は希なる也。受るはやすく持はかたし、さる間成仏は持にあり。此経を持ん人は難に値べしと心得て持つ也。『則為疾得無上仏道』は疑なし。三世の諸仏の大事たる南無妙法蓮華経を念ずるを、持とは云也。」

（四条金吾殿御返事　定遺八九四頁）

このご聖文の大切さは、「受るはやすく持はかたし、さる間成仏は持つにあり」というお言葉にある。我らは常に本仏、第九識に南無と唱えアクセスする。人は第九識にアクセスして（受ける）、第九識とコンタクトを保ち（持つ）つながりを切断せず生きるときが仏なのである。即ち南無妙法蓮華経の道を持つということは、信に徹し、仏位を相続し血脈相承に列なり、いかなる大難きたるとも、寿量本仏の人類救済浄仏国土建設の願業に生きることである。

「行う」とは

南無妙法蓮華経の道を行うことは、大曼荼羅御本尊に安心立命の境を定め、入曼荼羅の行者として、仏願仏業に挺身することである。身・口・意の三業に南無妙法蓮華経を受持し、仏を感じ、仏を悟り、仏の顕れとして、一仏浄土顕現に常精進することである。即ち、寿量本仏との一体感を持って、その霊験神秘による慈愛の救いの力を身をもってさし示す。自行化他の道に生きることである。悟りや仏は行いのなかにのみ真に実在する。

「行学の二道をはげみ候べし。行学たへ(絶)なば仏法はあるべからず。我もいたし人をも教化候へ。行学は信心よりをこるべく候。力あらば一文一句なりともかたら(談)せ給べし。南無妙法蓮華経、南無妙法蓮華経。」

(諸法実相抄　定遺七二八頁)

行と学とがばらばらであれば、仏法は正しく世に伝えられない。行は、行を正しくするために学ぶことを内に含み、学は、学をより普遍的に正しく伝えるための行いを内に含めなければならない。お題目の理想は、信心を前提とし行により実現されるべきものである。

「護る」とは

南無妙法蓮華経の道を護るということは、一切衆生皆成仏道の正法、およびその拠点である寺院や檀信徒を護ることである。

すべての人を救ってやまない寿量本仏の大慈大悲を一切衆生に施すことが地涌の菩薩の使命

である。その護法者およびその法城である寺院・檀信徒を外護し奉仕することによって、正法は護られ、人類の救済に光輝を放つのである。また、かかる護法者に供養し布施する者は、その布施行の功徳によって本仏の慈悲に救護され、現安後善の大利益を蒙るのである。

「弘める」とは

南無妙法蓮華経の道を弘めることとは、お題目を唱え、信ずる者の使命である。信唱受持の行者は、霊山浄土の本師釈迦牟尼仏の御前において末法弘教を誓願し、今、末法の娑婆世界にあってその誓願を果たす地涌の菩薩そのものである。強盛な信仰を土台として無始久遠の大きな生命体に入り、総和の人となって一切衆生に本仏の大慈大悲の救護を示現せしめるとともに、全人類の究竟目的たる四徳波羅蜜多の成就、浄仏国土の顕現に精進しなければ願生の人としての本来のあり方ではない。

万人がそれぞれの立場において南無妙法蓮華経の道を弘めてこそ仏願仏業は成就し、そこに満足と歓喜に包まれた生活が現在前するのである。それこそが日蓮仏教の実践信行であり、人生の究竟目的を成就した境地である。

具体的には、檀信徒の一員として住職を中心に異体同心の総和の人格を形成し、南無妙法蓮華経の道を弘めることである。総和の人格の完成、浄仏国土（娑婆浄土）の完成こそが、仏願であり仏業なのである。

かかる境地にいたる道を、高佐日煌上人が訳されたのが次の法華経『普賢菩薩勧発品』の経文である。

「若し善男子、善女人にして、次の四法を成就すれば、如来の滅後に於いても、当に是の法華経を身に着ける事を得べし。一には諸仏に護念せらるる人になること。二には仏法を護持し善行を励むこと。三には不退転の信に住し、教団に入ること。四には大慈悲心を発して衆生の迷いを救うことなり。善男子、善女人よ、此の四法こそ汝の目的も成就せしむる道なり。」

（誌上行学講習会）

三大秘法正信の道に入れば、必ず諸仏に護念される。本仏の加護は倶生神（守護霊・指導霊）を通じて現れるのであるが、倶生神の救護を体験することによって安心立命の境地に住することができる。

倶生神の神秘現象は、先人の体験から明らかになったもので、日蓮大聖人も弟子檀越に教示せられているのである。

「又人の身には左右のかた（肩）あり。このかたに二の神をはします、一をば同名神、二をば同生神と申す。此の二の神は梵天・帝釈・日月の人をまほらせんがために、母の腹の内に入しよりこのかた一生をわるまで、影のごとく眼のごとくつき随て候が、人の悪をつくり善をなしなむどし候をば、つゆちりばかりものこさず、天にうた（訴）へまいらせ候なるぞ。華厳経の文にて候を止観の第八に天台大師よませ給へり。但し信心のよはきものをば、法華経を持つ女人なれどもすつるとみへて候。」

（四条金吾殿女房御返事　定遺八五七頁）

「人生れ已て則ち二天あり。恒に相随逐す一を同生と曰ひ、一を同名と曰ふ。天は人を見るも人は天を見ず。」

（華厳経入法界品）

「城の主剛なれば守る者強し。城の主恒れば守る者忙る。同生、同名の天、是の神能く人を守護す、人の心固ければ則ち強し。」

（摩訶止観第八）

「城は身の如く、主は心の如く、守る者は身神の如し。身と名を同ふし、身と生を同ふす、名けて天神となす。自然に故あるなり。常に人を護ると雖も、必ず心の固きに仮りて神の護も則ち強し。」

（妙楽大師補行記）

倶生神の守護は信心の強さにしたがい働くのである。それは生命においての肉体と、生活に守護がおよぶ。生活の護りは、人生の究竟目的を成就せしむるための守護である。即ち、倶生神にあって、同生天は健康と福を護り、同名天は経済に働き、徳を増長させる守護となる。

倶生神の神秘は、福、徳、黙示等によって運命の好転をうながし最善の道を開く「現世安穏後生善処」に加護を垂れているのであるが、それは三大秘法の信行の堅固によってはじめて明確に実証される。妙楽大師の「必ず心の固に仮て神の守り則ち強し」もそれを教示されたものである。

「十字聖日」

南無妙法蓮華経を凡夫の生活上に実践すること、それは直ちに正法を護持し、善行を励むこととなる。その具体的徳目を四摂法という。

一、布施摂

二、愛語摂
三、利行摂
四、同事摂
かかる四摂法とは、菩薩が教化のために衆生に接するときに用いる行法であり、摂とは、一切衆生を包容するという意味である。その四摂法の具体的実践修行を髙佐日煌上人は「十字聖日」と定めて創始された。即ち毎月十日を実践日と定めて、その一日を即身成仏の生活に徹することである。身・心各々二行を立て、心行として、
一、終日腹を立てず、忍耐すること。
二、終日慈愛をもって他人に接し、万物に接すること。
身行として、
一、他のために応分の金品を布施すること。
二、他のために身をもって奉仕すること。
この心身二行を徹して行えば現身に如来の境地を自覚するにいたる。

実践信行とは、結論すれば一大秘法の受持であり、三大秘法の祈り悟り行いの実践となるが、具体的には、信唱受持の大衆が受職灌頂式を受けて地涌の菩薩としての自覚に立ち、自ら四誓の願を発して行道の人としての生活を行うことである。日常生活において不退転の信行に励み、四誓の願を成就するとき、それは同時に人生の究竟目的が成就されることとなる。

これら四誓願・四摂法を凡夫の生活上に実践するためのより具体的平易な実践修行の方法の一つとして、高佐日煌上人は「十字聖日」を定め、身・心各々の二行を提唱されたのである。

信唱受持の題目の神秘とは、寿量仏の生命そのものを霊験神秘の救護の事実として受け取るものである。ゆえにそれは、「有難い」という気持ち、感謝の念を持って受けとめられ、第九識の徳の光として輝き始める。この感謝の念こそ信仰における根本心である。一大秘法の妙法蓮華経（本仏、九識、本法）の三大秘法による実践こそが実践信行であり、以上述べてきたことは、その具体的内容にふれるものである。

それ即ち、一大秘法にアクセスし（祈り）、実感し（悟り）、感謝して、報恩・慈愛の行為を行うこと（行い）である。この実践によって、六波羅蜜（布施・持戒・忍辱・精進・禅定・智慧）も八正道も自然に在前する。日蓮仏法の実践は、修行によって仏になるのではなく、今自ら仏であることを感謝し信じ行うこと、生きていくことである。このとき、六波羅蜜・八正道・十如是は自分の仏たる姿と行いを顕す道、またチェックする物差しとして有効なものとなる。

十如是は、一大秘法受持、三大秘法実践の行者の仏としての姿、仏としての性格、仏の体、仏としての力、仏としての作用・働きを表し、それが因・縁・果報として自他におよび、本末究竟等は本仏より発せられた誓願が一大秘法の信唱受持の行者に受け継がれ、ほかに作用をおよぼしながら総和の人格を完成することを示している。これこそが浄仏国土の完成、立正安国の実現としての実践信行のあり方なのである。

参考文献

『妙法蓮華経八巻』

『大正新脩大蔵経』大正新脩大蔵経刊行会

立正大学日蓮教学研究所編『昭和定本日蓮聖人遺文』本文中（定遺）と略記

日蓮宗霊断師会『日蓮聖人御遺文全集』行道文庫
日蓮宗霊断師会『新日蓮教学概論』行道文庫
『十字仏教』行道文庫
『誌上行学講習会』

あとがき

平成八年のある夜、夢のなかになぜかズボンとシャツを着た現代の服装の日蓮聖人がお立ちになっていた。日蓮聖人は、厳しい表情で、「私は非常に忙しい。あなたは、そんな状態でいるなら、こっちの世界にきて、私の手伝いをしなさい」と仰った。私は、「もう少し待って下さい、この世で頑張りますから」と申し上げて、それ以来、眠くなると水をかぶり、目を覚まして日蓮教学の研究・論文作成に精進した。その研究の成果を私は毎年「日蓮教学研究発表大会」で発表し続けた。本書、『日蓮宗の戒壇、その現代的意義』はそれらの論文の一部をまとめたものである。それから十数年が過ぎ、突然、私に佐野市の本山妙顕寺への入寺の話がきた。

そのころまだ入寺の決意も定まらないとき、宗門僧侶の会議に出席するために二日間の日程で、彦根（滋賀県）に出かけることになった。以前より会議にはあまり出席してなかったので、今回も遠慮してほかの若い方に出ていただこうかと思ったのだが、友人の三浦恵伸上人の「齊藤さん、彦根で誰かがあなたを待ってるんですよ」という一言がなぜか私の心に残った。彦根城を間近に望む彦根キャッスルホテルで熱心な討議を終え、翌朝、彦根城見学を兼ね散歩に出た。早朝なので、城内には入れないと思ったので城の周りの散策コースを歩いていると、ふと古風な家が眼にとまった。そこの説明板には「埋木舎」とあった。

「埋木舎」は開国の立役者である江戸幕府大老・井伊直弼が不遇の青年時代を過ごした屋敷である。彦根十一代藩主・直中の十四男として生まれた直弼は、三百俵の捨扶持をあてがわれ、十七歳から三十二歳までこの屋敷で部屋住みとして過ごし、「世の中を　よそに見つつも　埋れ木の　埋れておらむ　心なき身は」という歌を詠み、この屋敷を「埋木舎」と名づけた。将来に夢も希望もない身であったが、直弼はこの時期に国学を学ぶなど、文武両道の修練に励んだ。ところが一八四六年、兄の井伊直亮の養子という形で彦根藩の後継者に決定、一八五〇年に兄・直亮の後を継いで彦根藩主となり、藩政改革を行い名君と呼ばれた。将軍・徳川家定時代の一八五八年より江戸幕府の大老を務め、アメリカと日米修好通商条約を調印、日本を開国へと導いた。

井伊直弼の生涯は「人生たとえ不遇であっても、不断の努力を継続する者は、神仏が必ずご覧になっていて、その人にふさわしい道を開き、立場を与えるのだ」と、私に教えてくれた。私を待っていた人とは、きっと井伊直弼だったのだろう。私はこのとき、なぜか本山妙顯寺に貫首として入寺することを決意した。その後約三年で御本仏、日蓮大聖人のお導きにより、北海道の富良野から佐野の本山妙顯寺に平成二十二年六月二十一日に正式に入寺することができた。佐野の地にやってきて驚いたのは、本山の境内本堂のすぐ左手に井伊家と藤原家のお墓があったことである。後にわかったことであるが、井伊直弼は大老に就任した折、日光東照宮に参拝し、その帰りに井伊家の飛び地領であった佐野堀米、田沼の地を訪れたそうである。日蓮宗の寺紋は井伊家の家紋である「井桁に橘」であるが、これは、宗祖日蓮聖人の父とされている貫名重忠が、井伊氏の流れであることによるそうである。貫名の苗字は井伊政直が遠州（静岡県）山名郡貫名郷に入り名乗ったことが始まりとされている。

私は佐野にやってきて、なぜかここは日本の中心ではないかという気がしてならなかった。しばらくしてやはり佐野市には日本の中心地、どまんなか、田沼という所があると聞き大変感動した。実に、北海道の中心・富良野から私は日本の中心・佐野にきたのであった。

私の師父である今は亡き齊藤文承上人は、時折私に「中心哲学」というものを考えてみたらどうかと言った。妙法蓮華経とは本当の自分、真我である。無我とは真我にあらざるものを言う。本当の自分とは大宇宙の中心意識である本仏と一体、まさにそのものである。大聖人は、これを「所化以て同体」とお示しである。ゆえに、この神仏は、自分の心の中心に存在している。したがって、自分の意識を心の中心に持って行くと、自己は、宇宙の中心に位置し、心は静寂のなかで安定し安らぐ。大宇宙の意識の中心と、個の人間の意識の中心は同じ一点である。この点に立つと心は神仏と通じる。またここでは人は一切の執着と煩悩から容易に遠離することができ、この中心より外側に外れるにしたがって肉体の五官に影響され、煩悩に左右される。

南無妙法蓮華経と祈り、心の中心点に位置し、一念三千の本仏と一体となり、仏の御心を悟り、仏の理想を慈愛をもって行う。この祈り（本門の題目）・悟り（本門の本尊）・行い（本門の戒壇）の実践に仏となり、宗祖の願業である「立正安国」を実現する道がある。

日蓮大聖人の宗教の実践は、結局、三大秘法の実践となる。三大秘法の行法は、本門の戒壇の実践を得て完成される。それは大聖人の誓願が「立正安国」即ち本国土妙、娑婆浄土の実現であるからである。中老僧天目上人が開山された本山妙顯寺の山号「開本山」は「本国土妙一時開顯」の意である。このことからも日本の中心に建つ本山妙顯寺は戒壇建立有縁のお寺といえる。私は、この地から宗祖の理想実現にむけて精進する所存である。
　また本書を本山妙顯寺入寺記念に、国書刊行会から刊行できたのも日蓮大聖人のお導きと感じ入るしだいである。妙顯寺奉安天目上人拝受の日蓮聖人ご真骨の御前で毎朝読経するとあの夢のままのお姿で日蓮聖人がお立ちになり、私にお教えくださる気がする。私の教学研究の目的の一つは、現代人の知性で納得できる論理性で日蓮聖人の仏法を科学的にも説明することであった。即ち教学の現代化である。洋服をまとった大聖人の夢のお姿はそれをご教示されていたのかもしれない。本書の編集、校正には三浦恵伸上人、塩入幹丈上人に多大の協力をいただいた。ここに感謝の意を表するしだいである。なお、本書に引用した文献及び引用の一部は、読者の理解に資するよう、平易に書き改めた。

平成二十三年四月十三日

本山妙顯寺第四十九世　齊藤日軌

著者紹介

昭和二十八年　富良野市本要寺にて
父・齊藤文承、母・聰子の次男として出生

昭和四十六年　函館ラサール高校卒業

昭和五十一年　立正大学仏教学部仏教学科卒業

昭和五十二年　北海道大学大学院インド哲学科研究生中退

現在　日蓮宗本山妙顯寺第四十九世貫首、日蓮宗本要寺代務住職
日蓮宗霊断師会総合研究所　教学部長、所長歴任
元日蓮宗現代宗教研究所嘱託
北海道中央水石会会長
全日本愛石協会相談役
齊藤文昭・文星の二児の父
著作『石仏庵記Ⅲ』（石乃美社）他、論文等多数

日蓮宗の戒壇、その現代的意義

平成二十三年四月十三日　初版発行

著　者　齊藤　日軌

発行者　佐藤今朝夫

発行所　株式会社　国書刊行会
〒一七四―〇〇五六
東京都板橋区志村一―一三―一五
電　話　〇三（五九七〇）七四二一
ＦＡＸ　〇三（五九七〇）七四二七
E-mail　info@kokusho.co.jp
URL: http://www.kokusho.co.jp/

印刷所　㈱エーヴィスシステムズ

製本所　㈱ブックアート

ISBN 978-4-336-05375-6　C0015